SAMMLUNG GÖSCHEN BAND 521

Die Dampfkessel und Feuerungen einschl. Hilfseinrichtungen

in Theorie, Konstruktion und Berechnung

Von

Professor Dr.-Ing. Walter Marcard †

Zweite Auflage
vollständig neu bearbeitet von

Dr.-Ing. Karl Beck

II

Dampfkessel

Mit 53 Abbildungen

Walter de Gruyter & Co.
vormals G. J. Göschen'sche Verlagshandlung · J. Guttentag, Verlagsbuchhandlung · Georg Reimer · Karl J. Trübner · Veit & Comp.
Berlin 1952

Archiv-Nr. 11 05 21
Druck von Walter de Gruyter & Co., Berlin W 35
Printed in Germany

Inhalt

Quellennachweis von Abbildungen

Barth, Die Dampfkessel. 4. Aufl. Bd. I, Berlin 1926, Verlag Walter de Gruyter. Abb. 12, 13, 14, 16

Dürrwerke Aktiengesellschaft, Ratingen. Abb. 24, 27, 29, 32

W. Gumz, Die Luftvorwärmung im Dampfkesselbetrieb. 2. Aufl., Leipzig 1933, Verlag Spamer. Abb. 36

Kraftanlagen Aktiengesellschaft, Heidelberg. Abb. 38

La Mont Kessel Herpen & Co., K.-G., Berlin u. Hannover. Abb. 30

A. Loschge, Die Dampfkessel. Berlin 1937, Verlag Springer. Abb. 23, 37, 47.

H. Netz, Dampfkessel. Leipzig und Berlin 1934, Verlag Teubner. Abb. 19

Poßner, Die Gestaltung und Berechnung von Rauchgasvorwärmern. Berlin 1929, Verlag Springer. Abb. 34

Siller & Jamart, Wuppertal-Barmen. Abb. 17, 20

Spalckhaver, *Schneiders*, *Rüster*, Die Dampfkessel. 2. Aufl., Berlin 1924, Verlag Springer. Abb. 33

dies., Ergänzungsband 1934. Abb. 28, 35

L. & C. Steinmüller G. m. b. H., Gummersbach. Abb. 21, 25, 26

Vereinigte Kesselwerke Aktiengesellschaft, Düsseldorf. Abb. 18

Die Wärme Jg. 55 (1932). Abb. 15

Z. VDI Bd. 90 (1948) S. 203. Abb. 31

A. Allgemeines

1. Umfang einer Dampfkesselanlage

Man darf den Dampfkessel, im engeren Sinne des Wortes, nicht mit der Dampfkesselanlage verwechseln. Dies geschieht leider im Sprachgebrauch oft, indem man den Kessel für die ganze Anlage setzt. Der Umfang einer Kesselanlage schwankt je nach dem Zweck und der Größe in sehr weiten Grenzen. So gehören zur Gesamtkesselanlage oder können dazu gehören folgende Einzelteile:

- Dampfkessel,
- Dampfüberhitzer,
- Rauchgas-Speisewasservorwärmer oder Economiser (abgekürzt „Eko" genannt),
- Luftvorwärmer (abgekürzt „Luvo" genannt),
- Grobe und feine Armatur,
- Einmauerung,
- Verkleidung,
- Feuerung, die je nach den besonderen Verhältnissen sein kann:
  - Rostfeuerung,
  - Staubfeuerung,
  - Feuerung für flüssige Brennstoffe,
  - Feuerung für gasförmige Brennstoffe,
  - Abhitze aus einer anderen Anlage (z. B. Industrieofen).
- Brennstoff-Bunkerung und -Förderung,
- Speisewasseraufbereitung,
- Speisewasservorwärmung und -speicherung,
- Pumpenanlage,
- Fundament und Einmauerung,
- Rauchgasführung mit Zugerzeugung durch:
  - Schornstein,
  - Saugzug,
- Meß- und Regelungsvorrichtungen,
- Wärmespeicher,
- Entaschung, Entstaubung,
- Eigenbedarfsschaltanlage.

Der eigentliche Dampfkessel ist also nur ein Teil der Gesamtanlage, wenn auch der wichtigste.

2. Zweck einer Dampfkesselanlage

Nach den allgemeinen polizeilichen Bestimmungen (ApB)[1] gelten als Dampfkessel alle geschlossenen Gefäße, die den Zweck haben, Wasserdampf von höherer als der atmosphärischen Spannung zur Verwendung außerhalb des Dampfentwicklers zu erzeugen. Ausgenommen sind Niederdruckkessel mit einem höchstens 5 m langen nicht verschließbaren Standrohr und Zwergkessel, deren Heizfläche 0,1 m² und deren Dampfspannung 2 atü nicht übersteigt.

Als Heizfläche rechnet derjenige Teil der Kesseloberfläche, der auf der einen Seite von den Heizgasen, auf der andern vom Wasser berührt wird. Bei Landdampfkesseln ist die feuerberührte, bei Schiffskesseln die wasserberührte Fläche für die Berechnung maßgeblich.

Der Kessel selbst ist ein Wärmeaustauscher, kein Wärmeerzeuger. Der Wärmeerzeuger innerhalb der Gesamtanlage ist die Feuerung. Diese Vorstellung ist eindeutig und wichtig. Wenn also mehr Dampf im Kessel erzeugt werden soll, muß die Wärmeleistung der Feuerung gesteigert, d. h. mehr Brennstoff verbrannt werden. Daraus ergibt sich, daß die Änderung der Leistung des Kessels eine feuerungstechnische Angelegenheit ist. Erst wenn der Kessel bei zu hoher Wärmeleistung nicht mehr in der Lage ist, die von der Feuerung angebotene Wärme vollständig auszutauschen, d. h. in Dampf umzuformen, wird sie zu einer kesseltechnischen Angelegenheit. Dieser Fall tritt z. B. ein, wenn infolge des zu starken Wärmeangebotes Störungen im Wasserumlauf eintreten.

3. Kenngrößen und Begriffsbestimmungen; Normen[2])

Im Dampfkesselbau sind Kenngrößen und Begriffsbestimmungen für Feuerungen und Dampfkessel geschaffen worden[2]), die sich nach Grundbegriffen, Anlagekenngrößen und Leistungskenngrößen für Dampf, Brennstoff, Kessel, Feuerung, Verluste und Wirkungsgrad

[1]) Fassung vom 11. 11. 1944. Vgl. auch *Jaeger-Ulrichs*, Bestimmungen über Anlegung und Betrieb der Dampfkessel, 5. Aufl., Berlin 1926 und Nachtrag 1929 Heymann's Verlag.

[2]) Kenngrößen und Begriffsbestimmungen für Feuerungen und Dampfkessel. Arch. Wärmewirtschaft, Bd. 12 (1931) S. 359. — *Fr. Schulte*, Erläuterungen, Arch. Wärmewirtsch., Bd. 12 (1931) S. 363. — Regeln für Abnahmeversuche an Dampfkesseln, DIN VDI 1942, Abs. 44 bis 96, VDI-Verlag 1937. *K. Beck*, Dürr-Dampfkessel-Taschenbuch, 5. Ausg., Ratingen 1950.

gliedern. Im vorliegenden Bändchen sind die dort angegebenen Formelzeichen verwendet worden[1]).

Die wichtigsten Gewährleistungen, die für eine Kesselanlage abgegeben werden, sind die Leistung, d. h. die Erzeugung eines bestimmten Dampfgewichtes M (kg/h) von festgelegtem Druck und Temperatur aus Wasser von bestimmter Temperatur, sowie der Wirkungsgrad η (%). Die Wärmeleistung der Kesselanlage ergibt sich zu:

$$Q = M \cdot i \qquad \text{kcal/h,}$$

wobei i die Erzeugungswärme des Dampfes in kcal/kg ist. Sie wird bestimmt als Differenz zwischen dem Wärmeinhalt $i_ü$ des den Überhitzer verlassenden Dampfes und dem Wärmeinhalt i_{w1} des in den Speisewasservorwärmer eintretenden Wassers. Es ist also:

$$i = i_ü - i_{w1} \qquad \text{kcal/kg.}$$

Mit Hilfe der Bd. I beigegebenen Tafeln ist man in der Lage, den Wärmeinhalt des überhitzten Dampfes in Abhängigkeit von Druck und Temperatur zu bestimmen und den Wärmeinhalt des Wassers bei einer bestimmten Temperatur abzulesen.

Abb. 1 u. 2 zeigen im Schema den Weg des Wassers bzw. Dampfes in einer einfachen und in einer größeren Dampfkesselanlage.

An dieser Stelle mag erwähnt werden, daß man in den unteren Temperaturgebieten (bis etwa 150°) mit genügender Genauigkeit den Wärmeinhalt des Wassers i_w gleich seiner Temperatur setzen kann, da die spezifische Wärme des Wassers hier praktisch gleich 1 ist. Bei 150° ist $i_w = 150{,}9$ kcal/kg. Der Fehler beträgt also nur

Abb. 1. Schema einer einfachen Dampfkesselanlage mit den Kenngrößen:

i_w (kcal/kg) = Wärmeinhalt des Speisewassers beim Eintritt in den Kessel.
i_s (kcal/kg) = Wärmeinhalt des Sattdampfes beim Austritt aus dem Kessel.
M (kg/h) = Dampfleistung des Kessels.
$i = i_s - i_w$ = Erzeugungswärme d. Dampfes.
$Q = M \cdot i$ (kcal/h) = Wärmeleistung des Kessels.
F_k (m²) = Kesselheizfläche.
p (atü) = Genehmigungsdruck d. Kessels

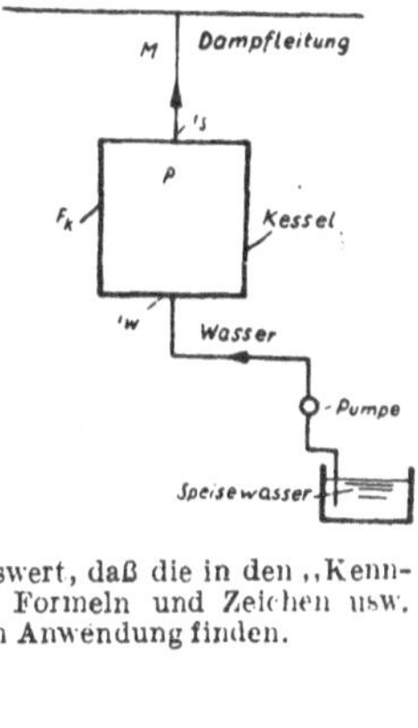

[1]) Anmerkung der Verfasser: Es ist wünschenswert, daß die in den „Kenngrößen und Begriffsbestimmungen" angegebenen Formeln und Zeichen usw. allgemein im Schrifttum für Kessel und Feuerungen Anwendung finden.

0,6%. Mit zunehmender Wassertemperatur nimmt der Fehler jedoch steigend zu. So ist beispielsweise bei 300° bereits $i_w = 321$ kcal/kg, d. h. der Fehler beträgt 7%.

Der Wirkungsgrad der Kesselanlage η (%) ist das Verhältnis der Wärmeleistung Q (kcal/h) der Kesselanlage zur Feuerungswärmeleistung Q_b (kcal/h):

$$\eta = \frac{Q}{Q_b} \cdot 100 \qquad \%,$$

wobei Q_b die in dem stündlich auf die Feuerung aufgegebenen Brennstoffgewicht B (kg/h) enthaltene Wärmemenge bedeutet, errechnet mit dem unteren Heizwert H_u (kcal/kg). Es ist also:

$$Q_b = B \cdot H_u \qquad \text{kcal/h.}$$

B heißt „Feuerungsleistung". Nunmehr wird:

$$\eta = \frac{M \cdot i}{B \cdot H_u} \cdot 100 \qquad \%$$

Um den Wirkungsgrad einer Kesselanlage festzustellen, sind also folgende Messungen zu machen: Die verdampfte Wassermenge und der aufgegebene Brennstoff sind zu wiegen. Für die Bestimmung der Erzeugungswärme sind Druck und Temperatur des erzeugten Dampfes sowie die Speisewassereintrittstemperatur zu messen. Der Heizwert wird im Laboratorium anhand einer während des Versuches sachgemäß angesammelten Probe bestimmt, kann aber auch überschläglich aus Erfahrungswerten entnommen werden (z. B. Zahlentafel XV in Bd. I). Genaue Anweisung für die Durchführung von Kesselversuchen geben die „Regeln für Abnahmeversuche an Dampfkesseln", DIN 1942. Zu beachten ist außerdem DIN 53711 „Prüfung von Brennstoffen, Probenahme und Probenaufbereitung von stückigen, festen Brennstoffen" (für Brennstaub DIN 53712).

Die Normung in der Dampftechnik ist in den letzten Jahren seitens des Deutschen Normenausschusses tatkräftig weitergeführt worden. Genormt sind Auslegungsgrößen, z. B. Dampfzustände und Dampfleistungen, und Einzelteile von Kesselanlagen, z. B. Rohrabmessungen, Teilkammern, Aufhängungen, Feuertüren usw. Ferner gibt es Normen für vollständige Flammrohrkessel (DIN 2904). Die Normung von ganzen Wasserrohrkesseln hat sich nicht bewährt, da die örtlichen Verhältnisse und die Brennstoffe zu verschieden sind, so daß die eine Zeit lang empfohlenen sog. „Einheitskessel" nicht immer eine günstige Lösung darstellen.

Außer den speziellen Dampfkesselnormen, deren DIN-Nummern meist zwischen 2900 und 2950 liegen, sind bei der Gestaltung von

Kesselanlagen die allgemeinen DIN-Normen zu beachten, z. B. für die Abmessungen und Werkstoffe der verwendeten Rohre, für Verschraubungen, Armaturen usw. Alle Normen haben den Zweck, die eigentliche Entwurfsarbeit auf das Wesentliche zu konzentrieren und durch planvolle Arbeit sowie Ausschaltung zu persön-

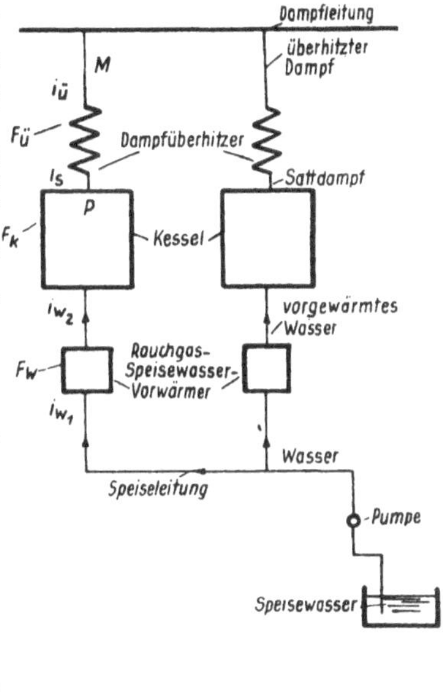

Abb. 2. Schema einer größeren Dampfkesselanlage, bestehend aus: 2 Kesseln mit Überhitzern und Speisewasservorwärmern mit den Kenngrößen:

i_{w_1} (kcal/kg) = Wärmeinhalt des Speisewassers beim Eintritt in den Rauchgas-Speisewasservorwärmer.

i_{w_2} (kcal/kg) = Wärmeinhalt des Speisewassers beim Austritt aus dem Rauchgas-Speisewasservorwärmer.

i_s (kcal/kg) = Wärmeinhalt des Sattdampfes.

$i_ü$ (kcal/kg) = Wärmeinhalt des überhitzten Dampfes.

M (kg/h) = Dampfleistung des Kessels.

$i = i_ü - i_{w_1}$ = Erzeugungswärme des Dampfes:

$Q = M \cdot i$ (kcal/h) = Wärmeleistung des Kessels.

F_k (m²) = Kesselheizfläche.

$F_ü$ (m²) = Überhitzerheizfläche.

F_w (m²) = Heizfläche des Speisewasservorwärmers.

p (atü) = Genehmigungsdruck d. Kessels.

licher Wünsche eine Vereinfachung, Beschleunigung und schließlich auch eine Verbilligung zu erzielen. Darüber hinaus erleichtern sie den Bezug und Austausch von Ersatz- und Zubehörteilen und verringern die Lagerhaltung.

Nach dem Stande von 1951 sind zurzeit die in folgender Zusammenstellung aufgeführten Dampfkesselnormen in Kraft. Außerdem ist eine große Anzahl von DIN-Entwürfen (DIN-Nummer gekennzeichnet durch ein vorgesetztes E, z. B. DIN E 2915) in der Kesselindustrie bereits in Gebrauch.

In Kraft befindliche Dampfkesselnormen
(Stand 1951)

DIN 1851 Werkstoff- und Bauvorschriften für Landdampfkessel

DIN 1855 Richtlinien für die Anforderungen an den Werkstoff und Bau von Rauchgasvorwärmern

DIN 2901 Dampfkessel, Druckstufen, Temperaturstufen, Leistungsstufen

DIN 2904 Flammrohrkessel (Landdampfkessel), Heizflächen, Hauptabmessungen, Drücke, Temperaturen

DIN 2906 Dampfkessel, Vierkantrohre

DIN 2907 Dampfkessel, Teilkammern für Wasserrohrkessel bis 50 kg/cm² Genehmigungsdruck

DIN 2908 Bl. 1 — — ovale Rohrlochverschlüsse für Wasserrohrkessel, Zusammenstellung
Bl. 2 — — — — Einzelteile

DIN 2909 Bl. 1 — — Runde Rohrlochverschlüsse für Wasserrohrkessel, Zusammenstellung
Bl. 2 — — — — Einzelteile

DIN 2910 — — Verschlüsse für Aschen- und Schlackenbunker, Anschlußmaße

DIN 2911 Planroststäbe für Landdampfkessel

DIN 2915 Entwurf Dampfkessel, Nahtlose Flußstahlrohre mit gewährleisteten Warmfestigkeitseigenschaften für Wasserrohrkessel, Überhitzer und Speisewasservorwärmer

DIN 2920 Bl. 1 Dampfkessel, Reinigungstür 150 × 450, Zusammenstellung
Bl. 2 — — — — Türrahmen, Türdeckel, Isolierkasten

DIN 2921 Bl. 1 — — Einsteigetür 450 × 450, Zusammenstellung
Bl. 2 — — Reinigungstür 450 × 450, Türrahmen, Türdeckel, Isolierkasten

DIN 2922 Bl. 1 — — Explosions- und Einsteigetür 450 × 450, Zusammenstellung
Bl. 2 — — — — Einzelteile

DIN 2923 — — Einsteige- und Reinigungstüren, Einzelteile

DIN 3501 Wasserstandanzeiger für Dampfkessel, Anschlußmaße und Glasabmessungen

Besonders wichtig und schon bei Anfragen an die Kesselfirmen zu beachten sind die Auslegungsnormen nach DIN 2901 mit folgender Stufung der Genehmigungsdrücke:

0,5 6 8 10 13 16 20 32 42 67 84 132 168 kg/cm²

Im oberen Druckbereich ab 40 kg/cm² entsprechen dem folgende Arbeitsdrücke und Drücke am Überhitzeraustritt:

Genehmigungsdruck	kg/cm²	42	67	84	132	168
höchster Arbeitsdruck	kg/cm²	40	64	80	125	160
Druck am Überhitzeraustritt	kg/cm²	37	58	73	115	146

Der Genehmigungsdruck ist der nach den Dampfkesselvorschriften höchstzulässige Dampfüberdruck in der Kesseltrommel. Der Arbeitsdruck ist der tatsächliche im Betriebe eingehaltene Dampfüberdruck in der Kesseltrommel. Der Druck am Überhitzer-Austritt ist um den Druckabfall im Überhitzer niedriger. Bei Zwangdurchlaufkesseln betrachtet man ihn als maßgebenden Wert.

Für die Temperaturstufen enthält DIN 2901 folgende Festlegungen: Im unteren Druckbereich können von 150° C Dampftemperatur beginnend Temperaturen zur Anwendung kommen, die jeweils um 25° C ansteigen. Alle Temperaturfestlegungen sind unmittelbar am Überhitzeraustritt gemessen und beziehen sich auf die höchste Dauerleistung.

Die Leistung eines Kessels ist gekennzeichnet durch die Angabe der Regelleistung (früher oft „Normalleistung" genannt) und der höchsten Dauerleistung. Die Regelleistung ist maßgebend für die Planung der Anlage durch den Betreiber. Die höchste Dauerleistung begrenzt den Gewährleistungsbereich des Herstellers. Die Regelleistung liegt bei etwa 80% der höchsten Dauerleistung. Für die höchste Dauerleistung ist folgende Leistungsreihe in t/h genormt:

1	1,25	1,6	2,0	2,5	3,2	4,0	5,0	6,5	8,0
10	12,5	16	20	25	32	40	50	64	80
100	125	160	200	250	320				

Beispiel:

Eine Kesselanlage soll für folgende (genormten) technischen Daten ausgelegt werden:

Dampfleistung, Regelleistung	M	=	8000 kg/h
höchste Dauerleistung	M_h	=	10000 kg/h
Kesseldruck, Genehmigungsdruck	p	=	42 kg/cm²
Arbeitsdruck		=	40 kg/cm²
Dampftemperatur	$t_{ü}$	=	450 °C

Speisewasser-Eintrittstemperatur	t_w	=	100 °C
Wirkungsgrad bei höchster Dauerleistung	η	=	80 %
Heizwert der verfeuerten Steinkohle	Hu	=	7000 kcal/kg

Wie groß sind:

Erzeugungswärme des Dampfes i,
Wärmeleistung der Kesselanlage Q,
Feuerungswärmeleistung Q_b,
Feuerungsleistung B,
Verdampfungsziffer v?

Aus den Dampftafeln (z. B. VDI-Wasserdampftafeln, 2. Aufl., Berlin und München 1942, Auszug in Bd. I) entnimmt man:

$$i_ü = 794{,}3 \text{ kcal/kg}$$
$$i_w = 100{,}7 \text{ kcal/kg}$$
$$i = 693{,}6 \text{ kcal/kg}$$

$$Q = M \cdot i = 10000 \cdot 693{,}6 = 6936000 \text{ kcal/h},$$
$$Q_b = Q : \eta = 6936000 : 0{,}80 = 8670000 \text{ kcal/h},$$
$$B = Q_b : H_u = 8670000 : 7000 = 1239 \text{ kg/h},$$
$$v = M : B = 10000 : 1239 = 8{,}00 \text{ kg/kg (8-fach)}.$$

Die Verdampfungsziffer v ist in den „Kenngrößen" nicht aufgeführt, weil sie keine wärmetechnisch exakte Größe ist. Sie ist jedoch für den Praktiker eine außerordentlich wertvolle Zahl, weil sie ihm bei der gleichen Anlage, wo die Betriebsbedingungen, also auch der Heizwert der Kohle, immer die gleichen sind, sofort einen Maßstab für den erreichten Wirkungsgrad gibt. Im Betriebe ist sie leicht zu messen.

4. Dampferzeugung und Wasserumlauf

Dampferzeugung und Wasserumlauf stehen in unmittelbarem Zusammenhang. Durch den Wasserumlauf wird eine gute und geregelte Abführung der örtlich erzeugten Dampfblasen zu den Dampfsammelstellen bewirkt. Der Wasserumlauf in einem Kessel ist ein wichtiger Maßstab für die Beurteilung der Güte eines Kessels und seiner Eignung für bestimmte Leistungen. Je größer der spezifische Wasserinhalt des Kesselgefäßes (cbm Wasser je m² Heizfläche) und je kleiner die spezifische Leistung (kg Dampf je m² Heizfläche und Stunde) sind, desto weniger spielt der Wasserumlauf eine Rolle. Großwasserraumkessel mit ihrem großen Wasserinhalt stellen an den Wasserumlauf daher keine besonderen Ansprüche. Bei den neuzeitlichen Hochleistungs- und Strahlungskesseln, die bei geringstem Wasserinhalt mit sehr hohen spezifischen Dampfleistungen arbeiten, muß der Wasserumlauf durchaus geordnet und sehr sorgfältig durchdacht und durchgerechnet sein, wenn man nicht die unangenehmsten Störungen erleben will. Auch bei Zwanglaufkesseln mit künstlicher Wasserbewegung sind die Gesetze der Strömung bei gleichzeitiger Verdampfung und der Verteilung auf die einzelnen Rohrstränge genau zu beachten.

Die nachstehende grundsätzliche Betrachtung über den Wasserumlauf in Dampfkesseln soll den Leser gleichzeitig in die wichtigsten Belange des Dampfkesselwesens einführen und ihn schulen, sich ein Urteil über maßgebende Konstruktionsgedanken und die Verwendungsmöglichkeit der verschiedenen Bauarten zu bilden.

Betrachten wir in Abb. 3 die Entstehung einer Dampfblase in ihrer einfachsten Form, so sehen wir bei *a* das entstehende Bläschen.

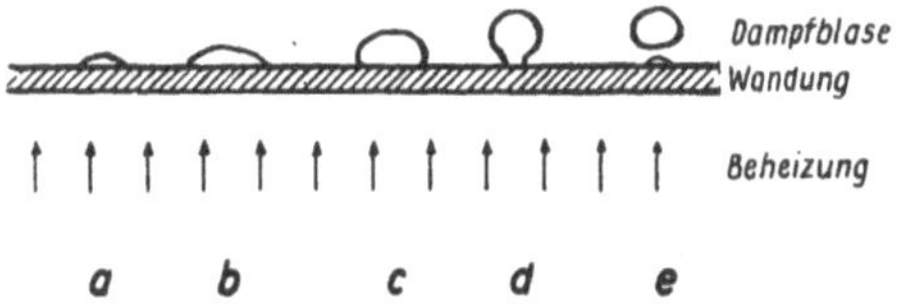

Abb. 3. Entstehung einer Dampfblase

Bei *b* ist es schon größer, bei *c* noch größer; bei *d* beginnt die Blase sich infolge ihres Auftriebes von der Wand zu lösen; bei *e* steigt sie auf, und ein neues Bläschen bildet sich. Es ist klar, daß dieser Vorgang eine gewisse Zeit in Anspruch nimmt, während der die Wandung nicht von Wasser bespült wird. Wir wissen aus den Gesetzen über den Wärmeübergang (vgl. Bd. I), daß die Wärmeübergangszahl von Dampf niedrig ist. Wenn sich also eine Dampfblase sehr lange Zeit an einer Stelle der Kesselheizfläche aufhält — sei es, daß sie sich z. B. an einer Nietnaht aufhängt (s. z. B. Abb. 4) oder daß Stagnationen auftreten —, dann ist die Wandung an dieser Stelle gefährdet. Sie wird durch die Feuergase überhitzt, wasserseitig (bzw. dampfseitig) aber nicht gekühlt.

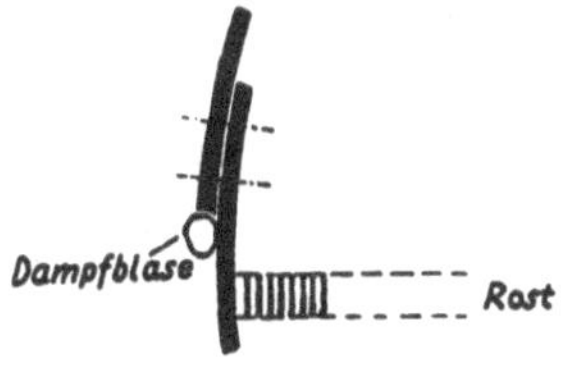

Abb. 4. Hängenbleiben einer Dampfblase an einer Nietnaht (unzulässige Gestaltung)

Welche Folgerungen sind daraus zu ziehen? Ein Hängen- oder Haftenbleiben von Dampfblasen an einer beheizten Stelle des Kessels ist grundsätzlich zu vermeiden. Die Kühlung der Wandung ist um so besser, je schneller und sorgfältiger die entstehenden Dampfblasen abgespült werden. Das bedeutet, daß für eine Strömung gesorgt werden muß, die die Blasen abführt. Durch das Ablösen der Dampfblasen von der Wand und das folgende Aufsteigen entsteht nun zwar selbsttätig ein Strömungsvorgang, der jedoch vollständig regellos ist und nur geringen Ansprüchen (z. B. bei Großwasserraumkesseln) zu genügen vermag. Bei Wasserrohrkesseln, wo in den engen, viele Meter langen hochbeheizten Rohren sehr große Dampfmengen erzeugt werden, würde sich leicht eine Ansammlung von Dampf bilden, wenn nicht durch eine kräftige,

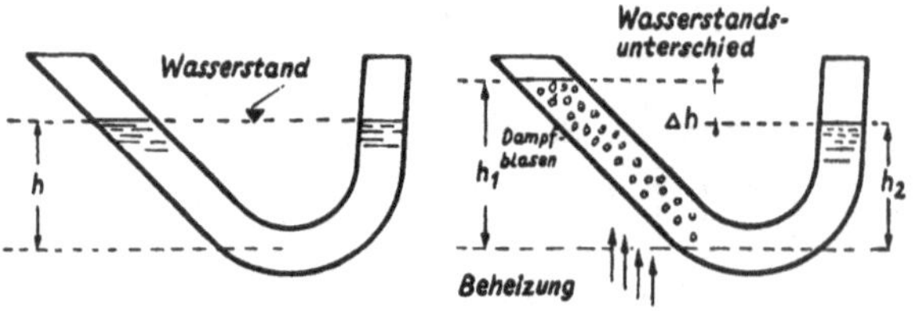

Abb. 5. Zweischenkliges Rohr
a) unbeheizt, Wasserstand in beiden Schenkeln gleich hoch
b) einseitig beheizt, Wasserstand im beheizten Schenkel höher als im unbeheizten

stets gleichgerichtete Strömung für die Abführung gesorgt würde.

Zusammenfassend ergibt sich also folgende Aufgabestellung: Innerhalb des Kessels ist für einen Wasserumlauf zu sorgen, der

1. mit ausreichender Geschwindigkeit fließen soll,
2. immer die gleiche Richtung haben muß.

Umkehrungen oder Pendelungen führen zu örtlichen und zeitlichen Stagnationen, die die oben gekennzeichneten Kesselschäden im Gefolge haben.

Wie ist ein solcher Wasserumlauf mit den im Kesselbau zu Gebote stehenden Mitteln zu erreichen? Betrachten wir Abb. 5, die ein zweischenkliges Rohr darstellt, dessen einer Schenkel später beheizt werden soll. Im unbeheizten Zustande (Abb. 5a) stellt sich ein gleich hoher Wasserstand in beiden Schenkeln ein (kommunizierende Röhren). Wird nunmehr der eine Schenkel beheizt (Abb. 5b), so entwickeln sich hier Dampfblasen, die nach oben steigen. In dem beheizten Schenkel befindet sich nicht mehr Wasser allein, das das spezifische Gewicht γ_{Wasser} hat, sondern ein Gemisch von Wasser und Dampf, dessen spezifisches Gewicht γ_{Gemisch} erheblich kleiner ist als das des Wassers. Da jedoch Gleichgewicht in beiden Schenkeln besteht, so gilt die Gleichung:

$$h_1 \cdot \gamma_{\text{Gemisch}} = h_2 \cdot \gamma_{\text{Wasser}}.$$

Es ist also h_1 höher als h_2, und zwar um so mehr, je mehr Dampfblasen sich im beheizten Schenkel befinden.

Diesen Unterschied im Wasserstand der beiden Schenkel $\Delta h = h_1 - h_2$ kann man sehr gut zur Erzeugung einer Strömung ausnutzen, indem man die beiden freien Schenkel verbindet, wie es in Abb. 6 dargestellt ist. Das Wasser wird in dem Verbindungsrohr entsprechend dem Gefälleunterschied von links nach rechts fließen, und zwar um so schneller, je größer der Höhenunterschied ist und je geringer die Widerstände sind. Es gelangt zum Fallrohr zurück und von dort aus zum Steigrohr, wo ein Teil des Wassers infolge der Beheizung in Dampf umgeformt wird. So entsteht ein regelrechter Wasserumlauf, der im Sinne des Uhrzeigers kreist, unter den dargestellten Bedingungen stets eindeutig ist und niemals seine Drehrichtung ändern kann. Damit hat man also den für einen Dampfkessel erwünschten Zustand und braucht nur das grundsätzliche Schema in die Wirklichkeit umzusetzen.

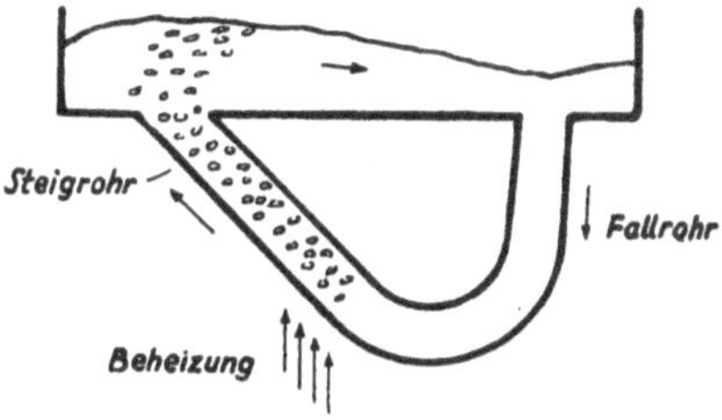

Abb. 6. Erzeugung eines Wasserkreislaufes

Die dargestellte Anordnung bietet aber noch einen weiteren Vorteil, nämlich die gute Trennung von Wasser und Dampf. Sie erfolgt an der großen Wasseroberfläche im Verbindungsrohr ohne Schwierigkeit, wenn man einen Raum vorsieht, der den Dampf aufnimmt, d. h. Dampfraum ist. Die Wasseroberfläche ist die Trennfläche zwischen Dampf und Wasser. Das grundsätzliche Schema stellt also bereits einen Dampfkessel mit gutem Wasserumlauf und guter Ausdampfung dar. Abb. 7 zeigt die konstruktive Gestaltung, die sich aus den obigen Vorstellungen ergibt. Steigrohr und Fallrohr sind unten und oben durch eine sog. Trommel verbunden. Aber auch Abb. 8 entspricht den gestellten Forderungen. In der Praxis sind beide Bauarten zu finden. Während jedoch die erste nach Abb. 7 mit längsliegender Obertrommel nur für beschränkte Breiten ausführbar ist, und zudem lauter verschiedene Rohre benötigt, kann die zweite für beliebige Breiten gestaltet werden, wie Abb. 9 zeigt.

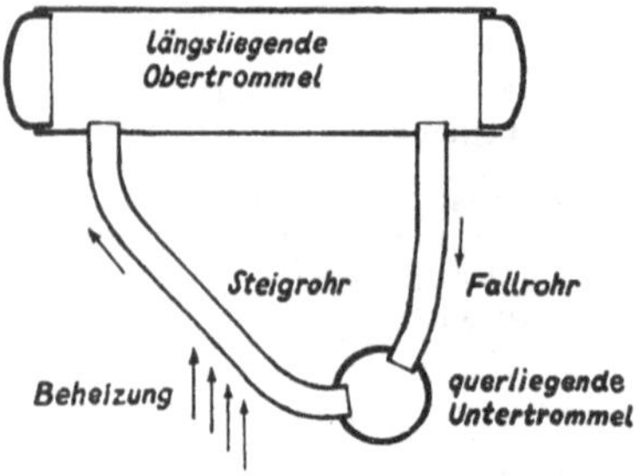

Abb. 7. Wasserumlauf in einem Trommelkessel mit längsliegender Obertrommel

Die gleiche Umlaufwirkung tritt aber auch ein, wenn man dem Kessel eine Gestaltung gibt, wie sie beispielsweise Abb. 10 zeigt, indem man als Verbindungselemente nicht allein Trommeln, sondern auch sog. Kammern benutzt. Während die ersten beiden Bauarten (Abb. 7 bis 9) Vertreter des sog. Steilrohrkessels sind, stellt Abb. 10 die Form des Schrägrohrkessels oder Kammerkessels dar. Auf die weiteren Unterschiede wird später unter den betr. Abschnitten noch näher eingegangen werden.

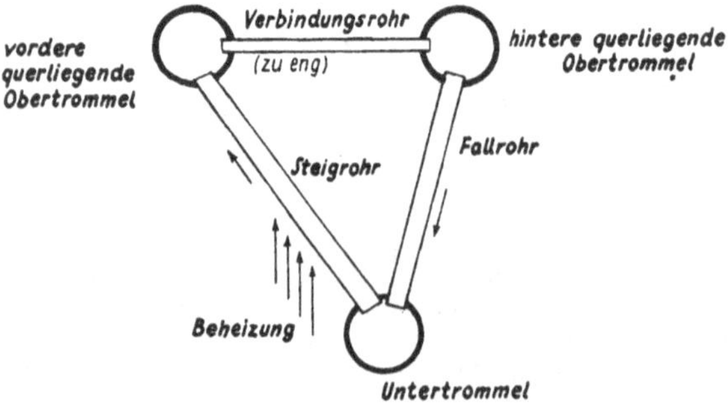

Abb. 8. Wasserumlauf in einem Steilrohr-Trommelkessel mit 2 querliegenden Obertrommeln. Der Kreislauf wird beeinträchtigt, wenn das Verbindungsrohr zu eng ist

Die vorstehenden Betrachtungen über den Wasserumlauf sind unter der Voraussetzung angestellt, daß nur das Steigrohr beheizt ist, nicht aber das Fallrohr. In der Praxis liegen die Verhältnisse

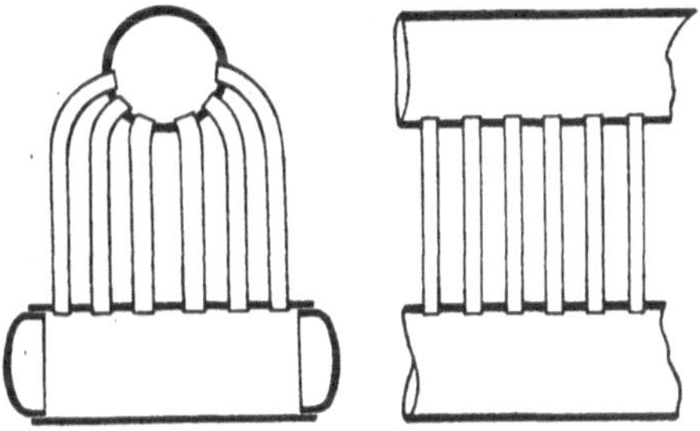

Abb. 9a. Querschnitt eines Längstrommelkessels nach Abb. 7

Abb. 9b. Querschnitt eines Quertrommelkessels nach Abb. 8

jedoch so, daß man auch das Fallrohr noch zur Wärmeausnutzung der bereits stark abgekühlten Gase heranzieht. Dann wird (vgl. Abb. 5 b) zwar $h_1 - h_2$ kleiner und damit auch die Kraft, die den

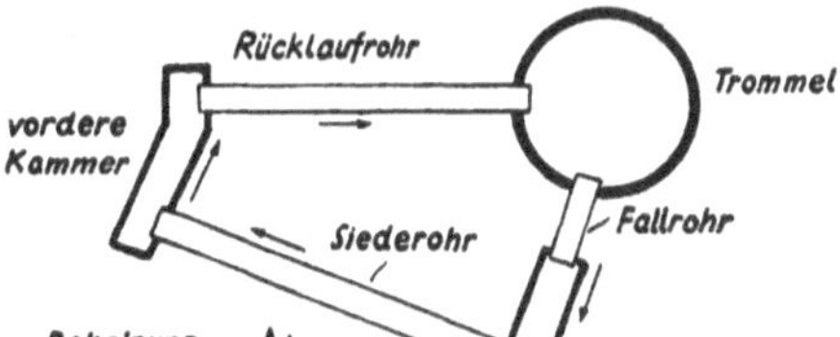

Abb. 10. Wasserumlauf in einem Kammerkessel mit querliegender Obertrommel

Wasserumlauf bewirkt. Bei Kesseln mäßigen Druckes und mäßiger Leistung ist dies unbedenklich, wenn dafür gesorgt ist, daß alle gebildeten Dampfblasen abgeführt und unverzüglich durch Wasser ersetzt werden, und wenn ferner der Wasserumlauf so gestaltet ist, daß er immer eindeutig in derselben Richtung verläuft.

Bei Hochleistungskesseln macht man die Fallrohre grundsätzlich unbeheizt. Dasselbe ist bei Hochdruckkesseln der Fall, denn die

Umlaufkraft wird umso kleiner, je geringer der Gewichtsunterschied zwischen Wasser und Dampf ist. Er nimmt mit zunehmendem Drucke ab (vgl. Bd. I), da das Volumen des Dampfes immer kleiner wird. Im kritischen Bereich (225 at 374° C) ist das spez. Dampfvolumen gleich dem des Wassers, die Umlaufkraft Null.

Bei der Gestaltung der Wasserumlaufverhältnisse ist stets im Auge zu behalten, daß zur Aufrechterhaltung der Strömung ein Gefälleunterschied $h_1 - h_2$ zur Verfügung stehen muß. Mit dieser Kraft müssen aber außerdem sämtliche innerhalb der Strömung auftretenden Widerstände (Einzelwiderstände und Rohrreibung) gedeckt werden. Je größer diese werden, desto kleiner wird der für die Aufrechterhaltung der Wassergeschwindigkeit zur Verfügung stehende Anteil. Das bedeutet, daß der Wasserumlauf leidet und Störungen auftreten können. Solche Widerstände sind z. B. zu enge Querschnitte in den Verbindungsrohren der Obertrommeln (vgl. Abb. 8). Alle Stellen, welche Drosselungen mit großem Widerstandsaufwand darstellen, müssen daher sorgfältig vermieden werden, damit der Wasserumlauf nicht „gebremst“ wird. Störungen des Kesselbetriebes sind sonst unvermeidlich. Allzu heftiger Umlauf ist allerdings auch von Übel, da das Mitreißen von Wasser und dadurch die Erzeugung feuchten Dampfes begünstigt werden. In solchen Fällen hat man schon häufig den Wasserumlauf durch Widerstände (z. B. Drosselstopfen) künstlich drosseln müssen.

Zusammenfassend kann man sagen, daß der Wasserumlauf in einem Kessel eine außerordentlich wichtige Kenngröße für die Beurteilung seiner Belastungsfähigkeit ist. Je besser der Umlauf durchgebildet ist, je besser für eine gute Abführung der entstehenden Dampfblasen und für das Nachströmen des Wassers gesorgt wird, je besser die Trennung von Wasser und Dampf ist, desto mehr Wärme kann man anbieten, ohne befürchten zu müssen, daß Störungen auftreten. Umfassende Forschungsarbeiten auf dem Gebiete des Wasserumlaufes waren daher Voraussetzung für die Entwicklung der heutigen Hochdruck- und Hochleistungskessel[1]).

Neben den Kesselbauarten mit natürlichem Wasserumlauf durch den Gewichtsunterschied zwischen Wasser und Dampf („Selbstlaufkessel“) spielen die Bauarten mit künstlichem Umlauf oder mit zwangsmäßigem Durchlauf („Zwanglaufkessel“) eine bedeutende

---

[1]) *H. Seidel*, Die Berechnung des Wasserumlaufs in Kesselrohrbündeln und ihre Bedeutung für die Konstruktion von Wasserrohrkesseln. Z. bayer. Rev.-Ver. Bd. 35 (1931) S. 211, 224 u. 240. *Geißler*, Graphisch-rechnerische Ermittlung des Wasserumlaufes in Wasserrohrkesseln. Z. VDI Bd. 88 (1944) S. 145. *K. Cleve*, Die Beobachtung des Dampfraumes in Betrieb befindlicher Dampfkessel. Mitt. VGB Jg. 1950 Nr. 9 S. 54.

Rolle, insbesondere als Hochdruck- und Hochleistungskessel. Auch die wasserberührten Nachheizflächen aller Kessel (Ekonomiser) werden stets im Zwanglauf durchströmt.

5. Mitreißen von Wasser mit dem Dampf

Das Mitreißen von Wasser mit dem Dampf kann zu erheblichen Beschädigungen der nachgeschalteten Dampfkraftmaschinen führen und muß daher unter allen Umständen vermieden werden. Bei Flammrohrkesseln kann man normal etwa mit bis zu $^1/_2$%, bei Wasserrohrkesseln mit bis zu 1% Dampffeuchtigkeit rechnen. Durch eingehende laboratoriumsmäßige Untersuchungen von *Eberle*[1]) und *Vorkauf*[2]) ist nun festgestellt worden, daß mit steigender Kesselbelastung zunächst die Dampffeuchtigkeit abnimmt, daß es dann aber eine ganz bestimmte Grenzbelastung gibt, von der ab die Dampffeuchtigkeit in steiler Kurve ansteigt. Auch der Überhitzer kann die dann mitgerissene Wassermenge nicht mehr verdampfen. Die Tropfen werden nach Art des *Leidenfrost*schen Phänomens durch die Überhitzerschlangen in die Maschine geführt.

Die Versuche erstreckten sich in erster Linie darauf, die zulässigen Grenzbelastungen für die verschiedensten Betriebsbedingungen festzustellen. Es zeigte sich, daß die Belastungsgrenze abhängig ist von Größe und Form des Dampfraumes, von der Reinheit des Kesselwassers (Laugenkonzentration) und vor allem von der Art der Einführung des Dampfwassergemisches in den Dampfraum, während der Druck eine untergeordnete Rolle spielt. Daher sind die Grenzwerte in m^3 Dampf bezogen auf 1 m^3 Dampfraum angegeben. Sie liegen etwa in der Größenordnung zwischen 1000 bis 3000 m^3/m^3h Dampfraumbelastung.

Je tiefer die dampfführenden Rohre unterhalb des Wasserspiegels in die Obertrommel eingeführt werden, desto niedriger sind die Grenzwerte. Je mehr Rohre dagegen von oben einmünden und auf den Wasserspiegel ausgießen, desto höher kann die Belastung sein. Für solche Rohre allein sind Grenzwerte von 4000 bis 6000 m^3/m^3h festgestellt worden. Der Kesselbau hat diese Erkenntnisse in die Praxis übertragen und führt die hochbeheizten Rohrreihen oberhalb des Wasserspiegels ein. Auch für die oberhalb einmündenden Rohre bleibt die Wasseroberfläche in der Trommel weiterhin die Trennfläche zwischen Wasser- und Dampfraum.

---

[1]) *Eberle*, Das Mitreißen von Wasser aus dem Dampfkessel. Arch. Wärmewirtsch. Bd. 10 (1929) S. 331.

[2]) *H. Vorkauf*, Das Mitreißen von Wasser aus dem Dampfkessel. Forschungsheft 341, VDI-Verlag, Berlin 1931.

B. Kesselbauarten

1. Allgemeines

Der Dampfkessel ist ein Wärmeaustauscher, der die Aufgabe hat, die in den Feuergasen enthaltene Wärme in Dampf umzuformen. Auch für ihn gilt also die Grundgleichung der Wärmeübertragung, die in ihrer einfachsten Form lautet:

$$q = F \cdot k \cdot (t_1 - t_2) \cdot z, \qquad \text{kcal}$$

worin bedeuten:

q = übertragene Wärmemenge (kcal),
F = Heizfläche (m^2),
k = Wärmedurchgangszahl (kcal/m^2h °C),
$(t_1 - t_2)$ = Temperaturunterschied zwischen Heizmittel und beheiztem Medium (° C),
z = Zeit (h).

Im Kesselbau ist es üblich, die Wärmeberechnungen auf die Zeit von einer Stunde zu beziehen, so daß $z = 1$ wird und die Gleichung für den Kessel lautet:

$$Q = F_k \cdot k \cdot \Delta t_m$$
$$= M \cdot i.$$

Die Gleichung zeigt sehr klar die Wege, die der Dampfkesselbau beschreiten mußte, wenn er die Aufgabe der „Leistungssteigerung", die sich wie ein roter Faden durch die Technik der Energieerzeugung hindurchzieht, erfüllen wollte. Um die Dampfleistung zu steigern, sind — wie die Gleichung zeigt — folgende Möglichkeiten gegeben:

a) Vergrößerung der Kesselheizfläche F_k. Die größten bisher erstellten Dampfkessel haben Heizflächen von über 5000 m^2.

b) Steigerung der Wärmedurchgangszahl k. Das wurde erreicht durch Verbesserung des Verbrennungsvorganges und zunehmende Ausnutzung der Wärmeübertragung durch Strahlung. So entstanden die heute unter dem Namen „Strahlungskessel" bekanntgewordenen Bauarten. Ferner ist die Wärmedurchgangszahl durch Erhöhung der Rauchgasgeschwindigkeiten gesteigert worden. Unter den Sonderbauarten gibt es Hochgeschwindigkeitskessel, die mit einer Aufladung des Feuerraumes auf mehrere Atmosphären arbeiten. Die Drucksteigerung wird durch Axialgebläse erreicht, die von Gasturbinen angetrieben werden (Velox-Kessel).

c) Erhöhung des mittleren Temperaturgefälles Δt_m. Dies wurde einerseits durch feuerungstechnische Verbesserungen (geringer Luftüberschuß) und durch Einführung der Luftvorwärmung erreicht, anderseits dadurch, daß man die Kesselheizfläche möglichst klein hielt und sie durch andere nachgeschaltete Heizflächen (Eko und Luvo) ersetzte.

Diese grundsätzliche Änderung in der Kesselgestaltung, die sich insbesondere in den letzten Jahren entwickelte, hat hauptsächlich wirtschaftliche Gründe. Die druckführende Rohrheizfläche ist die spezifisch teuerste. Eko- und Luvoheizflächen sind wesentlich billiger. Man sucht daher mit ihnen so viel Wärme zu übertragen wie möglich. In den Angeboten der Kesselfirmen wird daher nicht wie früher die Heizflächengröße als Kennzeichen des Kessels verwendet, sondern die Dampfleistung in kg/h (t/h). Es bleibt dem Anbieter überlassen, durch entsprechende Auslegung der Heizflächen für Strahlung oder Berührung, durch Anordnung des Überhitzers innerhalb des Kessels oder dahinter, durch die Wahl der Heizflächen für Speisewasser- und Luftvorwärmer und ihre Anordnung usw. besonders günstige Verhältnisse zu erhalten. Daher sind die früher veröffentlichten Werte für die sog. „spezifische Dampfleistung" (kg/m^{2}h) in vielen Fällen nicht mehr gültig. Die „Kenngrößen und Begriffsbestimmungen“ für Dampfkessel und Feuerungen haben daher diesen Begriff gar nicht mehr aufgenommen, sondern kennen nur noch die „spezifische Wärmeleistung“ des Kessels $q_k = Q_k : F_k$ (kcal/m²h). Trotzdem behält der Begriff der „spezifischen Dampfleistung“ für die alten Bauarten einen gewissen Wert und wird sich nicht vollständig beseitigen lassen.

Es ist klar, daß man es bei dieser Entwicklung nicht von vornherein mit einer bewußten Zielsetzung zu tun hat, vielmehr haben sich die einzelnen Gestaltungsformen und -Grundsätze erst im Laufe der Zeit entwickelt. Der heutige Stand konnte nur dadurch erreicht werden, daß Wärmeerzeuger, d. h. die Feuerung, und Wärmeaustauscher, d. h. der Kessel und die nachgeschalteten Heizflächen Eko und Luvo, immer mehr und immer besser aufeinander abgestimmt wurden. Die alte Art, eine Kesselanlage zu erbauen, indem man den Kessel irgendwie hinstellte, und es dann den Feuerungs- und Ekonomiserfirmen überließ, ihre Teile unterzubringen, ist heute verschwunden. Sie hat der Erkenntnis Platz gemacht, daß alle Teile einer Kessel*anlage* wichtig sind und daß eine sorgfältige und sinnvolle Planungsarbeit dazu gehört, diese Einzelteile richtig zusammenzustellen. Das kann gar nicht eindringlich genug betont werden.

2. Der Unterschied zwischen Rauchrohr- und Wasserrohrkesseln

Man muß grundsätzlich zwei verschiedene Bauarten unterscheiden, in die sich alle Kessel eingliedern lassen: Rauchrohrkessel und Wasserrohrkessel.

Rauchrohrkessel (Heizrohrkessel, Flammrohrkessel) sind solche, bei denen die Rauchgase (Feuergase, Heizgase) *durch* die Rohre strömen, während das Wasser *um* die Rohre steht.

Wasserrohrkessel sind solche, bei denen dagegen das Wasser *durch* die Rohre fließt, während die Rauchgase *um* die Rohre strömen.

Aus dieser grundsätzlichen Begriffsbestimmung ergeben sich außerordentlich wichtige Folgerungen für die typischen Eigenschaften der beiden Bauarten, die zunächst besprochen werden sollen. Dabei ist es gleichgültig, ob die Rohre einen großen oder kleinen Durchmesser haben. Ein Flammrohr von z. B. 1000 mm ∅ ist also ebenso ein Rauchrohr wie ein Heizrohr von nur 60 mm ∅.

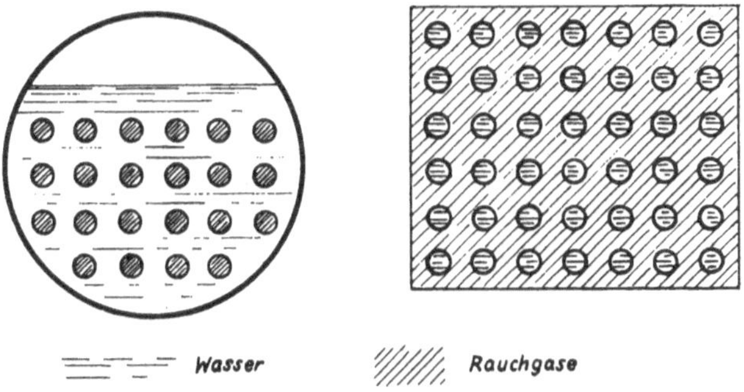

Abb. 11a und b. Unterschied zwischen Rauchrohrkessel und Wasserrohrkessel

In Abb. 11 ist versucht worden, den Unterschied zwischen Rauchrohr- und Wasserrohrkessel zeichnerisch darzustellen. Man sieht, daß der Rauchrohrkessel nach Abb. 11a einen druckfesent Mantel braucht, um das um die Rohre stehende Wasser aufnehmen und unter Druck halten zu können. Das bedeutet, daß der Rauchrohrkessel sowohl hinsichtlich seiner Abmessungen wie auch seines Betriebsdruckes gewissen Beschränkungen unterliegt. Denn es ist untragbar, einen Kesselmantel von 2,5 oder 3 m ∅ beispielsweise für einen Druck von 50 oder gar 100 at zu bauen.

Beim Wasserrohrkessel (Abb. 11b) fließt das unter Druck stehende Medium, das Wasser, innerhalb der Rohre. Ein besonderer druckfester Mantel ist nicht erforderlich. Die

Rauchgase, die um die Rohre strömen, stehen nur unter dem geringen Druck von wenigen mm WS. Also genügt Mauerwerk oder ein leichter Blechmantel, um sie zu halten. Wasserrohrkessel kann man also beliebig groß und breit bauen, soweit es die anderen zugehörigen Konstruktionsteile, wie Trommeln oder dergl. gestatten. Kessel von 10 m Breite oder mehr sind durchaus nicht selten.

Abb. 11 veranschaulicht noch einen weiteren wichtigen Unterschied. Der spezifische Wasserinhalt (kg/m^2) eines Rauchrohrkessels ist um ein Vielfaches größer als derjenige eines Wasserrohrkessels; dagegen ist der für die Rauchgase zur Verfügung stehende Querschnitt erheblich kleiner. Daraus folgt, daß der Rauchrohrkessel, den man zur Gruppe der „Großwasserraumkessel“ rechnet, infolge seines großen Wasserinhaltes wärmetechnisch unelastisch ist. Allerdings verleiht ihm seine große, auf Sattdampftemperatur vorgewärmte Wassermasse gewisse Vorteile (Speicherfähigkeit), die in manchen Betrieben sehr wichtig sind. Der enge Rauchgasquerschnitt in den Rohren beschränkt die feuerungstechnische Belastungsfähigkeit. Das ist durchaus erwünscht, da die Wasserumlaufbedingungen nicht günstig sind. Infolge des sehr großen Wasserinhaltes wirkt sich der schlechte Wasserumlauf allerdings nicht störend aus.

Nachstehend soll der Unterschied zwischen Rauchrohr- und Wasserrohrkessel noch durch zwei Zahlenbeispiele schärfer vor Augen geführt werden, von denen sich das eine auf den Anheizvorgang, das andere auf die Speicherwirkung bezieht. Es werden zwei Kessel gleicher Heizfläche miteinander verglichen.

Beispiele:

a) Anheizvorgang

Wie lange dauert der Anheizvorgang bei folgenden technischen Bedingungen und welches Brennstoffgewicht ist dazu erforderlich?

Bezeichnung	Dim.	Rauchrohrkessel	Wasserrohrkessel
Kesselbauart		Flammrohr-kessel	Steilrohr-kessel
Heizfläche	m^2	200	200
spez. Wasserinhalt . . .	l/m^2	200	20
Wasserinhalt (Volumen)	l	40000	4000
Kesseldruck	atü	16	16
Dampfleistung M . .	kg/h	4000	10000
Feuerungswärmeleistung Q_b	kcal/h	3400000	8500000
Temperatur des Kesselwassers bei Anheizbeginn	°C	10	10
Wirkungsgrad des Anheizvorganges . .	%	50	50
Heizwert der Kohle H_u	kcal/kg	7000	7000

Aus den Dampftafeln (Bd. I) entnimmt man: Sattdampftemperatur und Wärmeinhalt des Wassers bei 16 atü: $t_s = 203{,}4^0$; $i_{ws} = 207{,}1$ kcal/kg.
Spez. Gewicht des Wassers bei Sattdampftemp. $\gamma_s = 0{,}86$ kg/l.

Nunmehr ergibt sich:

Wasserinhalt (Gewicht)	kg	34400	3440
Aufwärmung je kg $i_{ws} - i_w$	kcal/kg	197,1	197,1
Aufwärmung insgesamt	kcal	6780000	678000
erforderliche Brennstoffwärme bei $\eta = 50\%$	kcal	13560000	1356000
Anheizzeit	h	4,0	0,16 entspr. 9,5 Min.
Verfeuerte Anheizkohle	kg	1935	194

Man sieht den grundsätzlichen Unterschied im Anheizvorgang beider Kesselbauarten, wie er sich auf rechnerischem Wege ergibt. In der Praxis wird man das Anheizen mit Rücksicht auf die entstehenden Wärmespannungen längere Zeit ausdehnen.

b) Speicherwirkung

Bei den beiden obigen Kesseln soll im Betriebe eine Druckabsenkung von 2 at zugelassen werden. Wie groß ist die dabei freiwerdende Dampfmenge und für welche Zeit ersetzt sie die normale Dampfleistung des Kessels?

Aus den Dampftafeln (Bd. I) findet man ferner:
Wärmeinhalt des Wassers bei 14 atü i_{ws} = 200,6 kcal/kg
Wärmeinhalt des Dampfes bei 14 atü i_s = 666,6 kcal/kg

Durch Druckabsenkung freiwerdende Wärme	kcal/kg	6,5	6,5
desgl. insgesamt . . .	kcal	223000	22300
Erzeugungswärme des Dampfes	kcal/kg	466,0	466,0
Dampfabgabe durch Drucksenkung . . .	kg	480	48
prozentualer Anteil an der Dampfleistung .	%	12	0,48
Ersatz der Kesselleistung während . .	min	7,2	0,3

Die Folgerungen, die sich aus der Rechnung ergeben, lassen sich etwa wie folgt zusammenfassen: Der Rauchrohrkessel (Großwasserraumkessel) ist gegen Schwankungen im Dampfverbrauch erheblich unempfindlicher als der Wasserrohrkessel mit seinem geringen Wasserinhalt. An die Elastizität der Feuerung werden keine großen Ansprüche gestellt, da die große Speicherwirkung ausgleichend wirkt. Auch die Aufmerksamkeit des Heizers braucht nicht so scharf zu sein wie bei einer Hochleistungskesselanlage. Bei dieser sind außerdem gute Regelungseinrichtungen erforderlich, die den Dampfverbrauchsschwankungen Rechnung tragen. Das gilt beispielsweise für die Kesselspeisung, die bei einem Kessel mit kleinem Inhalt besonders sorgfältig durchgebildet sein muß, um ein Absacken des Wasserstandes zu verhindern. An Hand des vorstehenden Beispiels kann man z. B. ausrechnen, daß der gesamte Kesselinhalt von 3440 kg Wasser bei einer normalen Dampfleistung von 10000 kg/h bereits in der Zeit von rd. 20 Min. ausgedampft wird, während der im Wasserstandsglas sichtbare Teil schon in 2 bis 3 Min. verschwindet. Für Sonderkessel, die bei gleicher Heizfläche und gleichem Wasserinhalt die zwei- bis dreifache oder gar mehrfache Dampfleistung haben, werden die entsprechenden Anforderungen noch größer.

3. Rauchrohrkessel

Es ist unmöglich, hier alle bestehenden Kesselbauarten zu beschreiben. Es ist vielmehr Wert darauf gelegt worden, nur

Nr.	Druck atü	Heizfläche m² spezifische Dampfleistung — kg/m²h normal 2-6	6-10	10-15	15-20	20-30	30-50	50-100	100-150	150-200	200-300	300-500
1	÷ 15	Stehender Kessel bis 20										
2	8 ÷ 18				Einflammrohr-Kessel bis 20							
3	8 ÷ 18							Zweiflammrohr-Kessel bis 24				
4	8 ÷ 15					Rauchrohr-Heizrohr-Kessel bis 15						
5	8 ÷ 15							Flammrohr-Rauchrohr-Kessel bis 15				

die wichtigsten zu nennen und daran die Grundsätze der Kesselgestaltung darzulegen. Die früher in großem Umfange erstellten Walzen- und Batteriekessel werden nicht mehr gebaut und haben nur noch historischen Wert. Auch die noch hier und dort im Betrieb befindlichen Kessel dieser Art werden in einigen Jahren wegen Überalterung verschwinden und dann neuzeitlichen Bauarten Platz machen.

Die vorstehende Zusammenstellung gibt einen ungefähren Überblick über die heutigen Rauchrohrkessel mit ihren Heizflächengrößen, Druckstufen u. spezifischen Dampfleistungen.

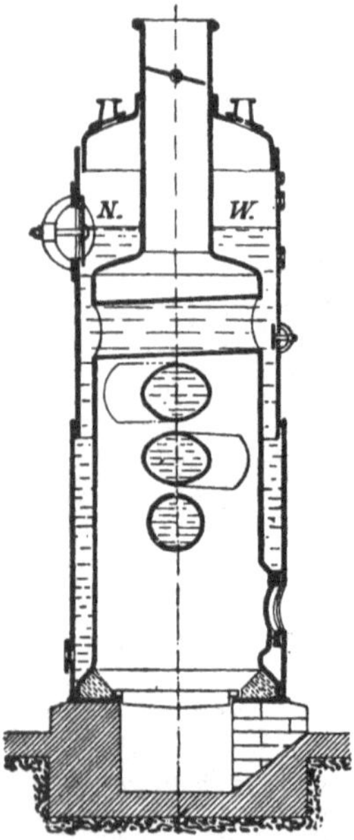

Abb. 12. Stehender Quersiederkessel

a) Stehende Kessel

Diese Kessel finden für geringe Dampfleistungen Verwendung und dort, wo die Platzverhältnisse eng sind, wie z. B. auf Dampfkranen, Rammen u. dergl. Von den vielen Bauarten sind zwei als besonders charakteristisch herauszuheben: Der Quersiederkessel, wie ihn Abb. 12 zeigt, und der Rauchrohrkessel nach Abb. 13. Beide werden je nach dem Verwendungszweck ohne und mit Überhitzer gebaut. Die Reinigung der Kessel von Kesselstein und Schlamm ist infolge der geringen Abmessungen sehr unbequem auszuführen. Es empfiehlt sich daher die Verwendung guten Speisewassers. Heute werden diese Kessel vielfach nicht mehr genietet, sondern geschweißt ausgeführt.

b) Flammrohrkessel

Die Flammrohrkessel sind die in Deutschland verbreitetste Kesselbauart, sowohl hinsichtlich ihrer Zahl als auch der Gesamtheizfläche. Im Landdampfkesselbau hat man nur Ein- und Zweiflammrohrkessel (Abb. 14). Mehrflammrohrkessel haben sich wegen der ungünstigen Bedienung der mittleren Feuer nicht bewährt und finden nur im Schiffsbetriebe Anwendung. Für die Flammrohre werden heute in Deutschland nur noch Wellrohre angewendet, und zwar findet man bei uns ausschließlich das *Fox*-Rohr. Die früher üblichen Glattrohre, Stufenrohre, *Galloway*rohre usw. sind nur noch bei alten Anlagen anzutreffen. Das Wellrohr besitzt infolge seiner wellenartigen Gestaltung die große Steifigkeit, die für ein von außen unter Druck stehendes Rohr erwünscht und notwendig ist. Seine elastische Formänderungsfähigkeit in Richtung der Längsachse ist trotz der Wellenform nach Untersuchungen von *Baumann*[1]) sehr gering. Die starken Wärmebeanspruchungen, die infolge der sehr unterschiedlichen Beheizung der Innenrohre und der Außenwandungen der Flammrohrkessel auftreten, müssen daher in erster Linie durch die Kesselböden aufgenommen werden, die nach Versuchen von *Bach*[2]) sehr große Elastizität besitzen. Bei höheren Drücken — Flammrohrkessel für 18 atü wurden schon häufig aufgestellt — verwendet man für den Kesselmantel nahtlos geschweißte Schüsse.

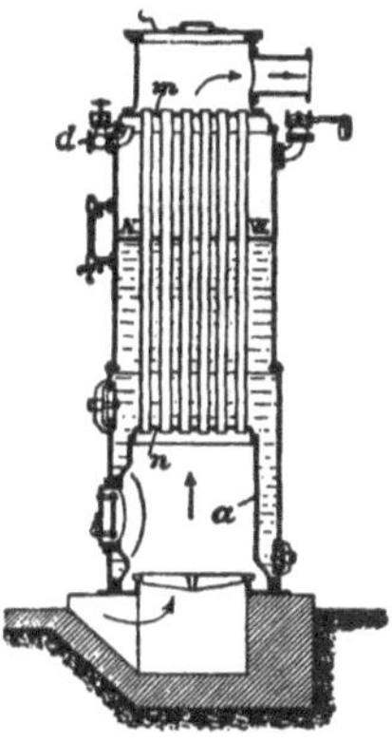

Abb. 13. Stehender Heizrohrkessel

Die Flammrohre sind mit den Böden, die Ein- oder Aushalsungen haben, durch Nietung verbunden. Gute Auswechselungsmöglichkeit ist dabei zu beachten; so soll die Ein- oder Aushalsung z.B. auf dem äußeren Durchmesser des Flammrohres liegen.

---

[1]) *Baumann*, Die Elastizität eines Fox-Wellrohres. Z.VDI 1910, S. 1675.
[2]) *Bach*, Versuche mit gewölbten Flammrohrböden. VDI-Forschungshefte 51/52.

Aushalsungen wendet man dort an, wo später das Feuergeschränk angebracht wird, oder wenn die Nietarbeit es erfordert.

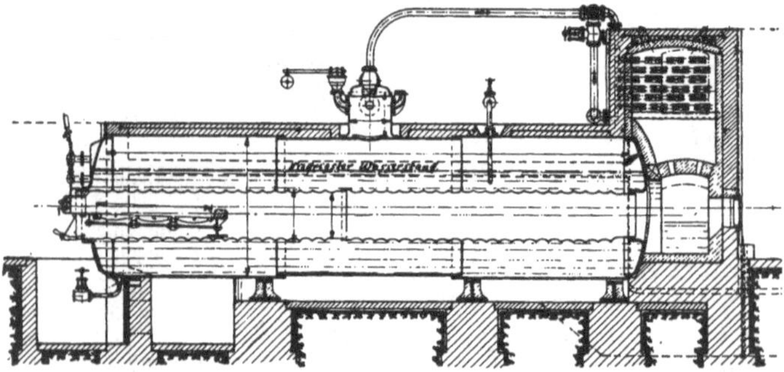

Abb. 14a. Längsschnitt durch einen Zweiflammrohrkessel mit Überhitzer, lange Bauart

Im allgemeinen werden Flammrohrkessel mit Innenfeuerungen ausgerüstet. Damit ist die Größe der Rostfläche gegeben, da man handgefeuerte Roste und Wurffeuerungen mit Rücksicht auf die Schürarbeit des Heizers nicht über 2½ m lang macht. Um große Wärmeleistungen zu erzielen, ist daher die Verwendung hochwertiger Kohle erforderlich. Durch Anwendung von Unterwind kann in Sonderfällen die Leistung gesteigert werden. Mit neu entwickelten mechanischen Planrostfeuerungen[1]) wird es dagegen möglich sein, erheblich größere Rostwärmeleistungen zu

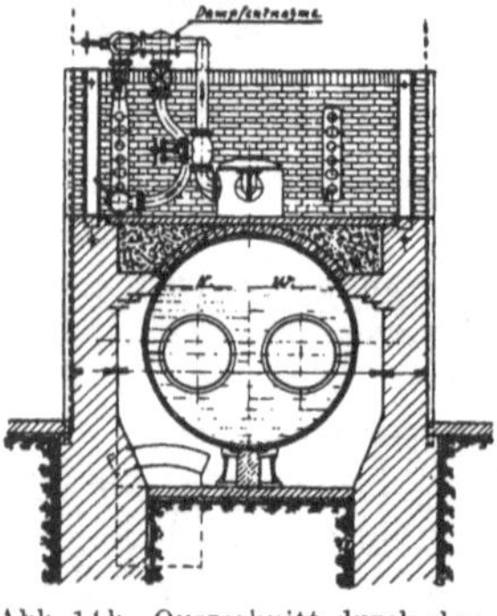

Abb. 14b. Querschnitt durch den in Abb. 14a dargestellten Zweiflammrohrkessel

[1]) Vgl. z. B. *Schulze*, Versuchsergebnisse an einer neuartigen Planrostfeuerung mit Schürwirkung. Die Wärme Bd. 59 (1937), S. 573.

erzielen. Wenn Brennstoffe geringen Heizwertes (z. B. Rohbraunkohle) verfeuert werden sollen, müssen Vorfeuerungen angewendet werden, um gleiche Dampfleistungen zu erzielen, da man die erforderliche Rostfläche im Flammrohr nicht unterbringen kann.

Die Feuergase geben im Flammrohr bereits den größten Teil ihrer Wärme ab. Am Flammrohrende schwanken die

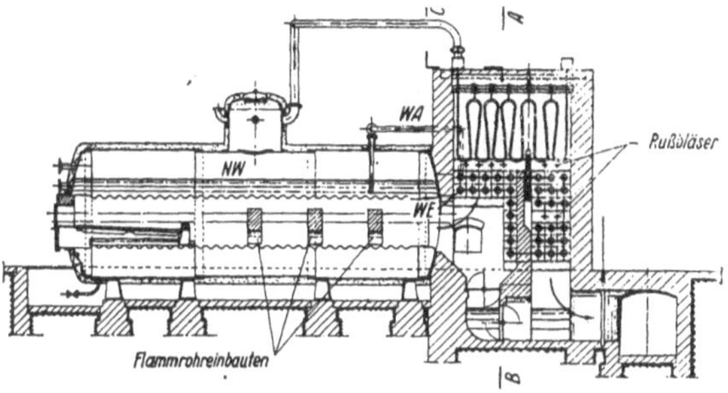

Abb. 15a. Isolierter kurzer Flammrohrkessel mit Hochdruck-Ekonomiser, teilweise zum Schutz des Überhitzers angeordnet

Temperaturen je nach Belastung und CO_2-Gehalt etwa zwischen 500 und 700°. Den Überhitzer ordnet man daher im allgemeinen unmittelbar hinter den Flammrohren an und sorgt durch Rauchgasklappen, die eine unmittelbare Abführung eines Teiles der Gase in den zweiten Zug bewirken, für eine Regelungsmöglichkeit der Temperatur des überhitzten Dampfes. Die weitere Ausnutzung der Wärme der Rauchgase erfolgt im zweiten und dritten „Zug“, wobei die Außenwandungen des Kessels nur im wassergefüllten Bereich bestrichen werden. Eine Beheizung des Dampfraumes ist nicht zulässig. Man kann sich als Faustformel merken, daß die Heizfläche des Flammrohres etwa 50% der Gesamtheizfläche ist. Die Kesselbreite wächst durch die Einmauerung und die Seitenzüge auf das etwa 1,6 bis 1,7fache des Manteldurchmessers an.

Um diesen großen Platzbedarf zu sparen und ferner die wärmetechnische Ausnutzung der Kesselanlage zu steigern, wurde von *Stierle*[1]) die Aufstellung isolierter Flammrohrkessel mit nachgeschaltetem großen Ekonomiser vorgeschlagen (vgl. Abb. 15). Die Strahlungsverluste können bei entsprechender Isolierung erheblich verringert, die Ausnutzung der Rauchgase dagegen gesteigert werden. *Marcard* hat bei mehreren Versuchen an solchen Anlagen Wirkungsgrade von 80÷82% festgestellt. Durch die hohe Aufwärmung, die das Speisewasser im Eko erfährt, wird das Auftreten örtlicher Spannungen durch Abkühlung vermieden. Beim Anheizen solcher Anlagen muß jedoch unter allen Umständen ein künstlicher Wasserumlauf erzeugt werden, da sonst das kalte Wasser im unteren Teil des Kessels unter dem Flammrohr stehen bleibt. Zur Erzeugung dieses Umlaufes benutzt man zweckmäßigerweise die Speisepumpe, die mittels einer besonderen Rückführungsleitung dauernd Wasser aus dem unteren Teil des Flammrohrkessels absaugt.

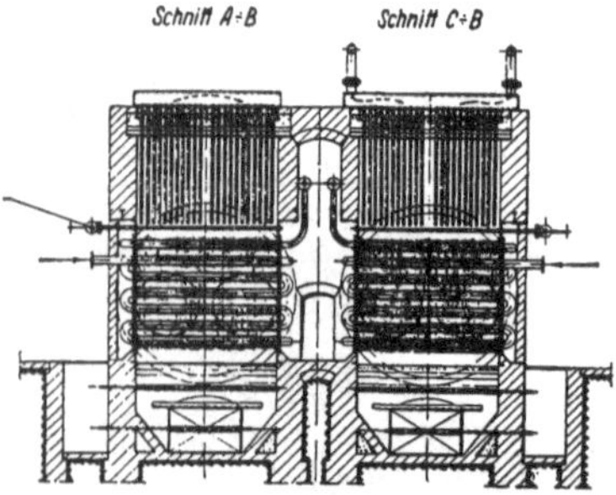

Abb. 15b. Querschnitt durch die in Abb. 15a dargestellte Flammrohrkesselanlage

Von einem geordneten Wasserumlauf kann man beim Zweiflammrohrkessel nicht sprechen. Lediglich beim Einflammrohrkessel wird durch exzentrische Anordnung des Flammrohres eine gewisse Zirkulation erreicht. Bei den sehr großen Wasserinhalten macht sich dieser Mangel jedoch

[1]) *Stierle*, Flammrohrkessel mit hoher Leistung und hohem Wirkungsgrad. Die Wärme Bd. 54 (1932), S. 433.

im praktischen Betriebe nicht bemerkbar. Die Abführung der Dampfblasen kann bei dem großen Wasserquerschnitt gut erfolgen. Stagnationen sind nicht zu befürchten. Infolge der großen Ausdampfungsoberfläche ist mit sehr trockenem Dampf zu rechnen.

c) Rauchrohrkessel (Heizrohrkessel)

Durch die Anordnung sehr vieler kleiner Rauchrohre statt eines oder zweier Flammrohre großen Durchmessers ist es möglich, innerhalb des gleichen Kesselmantels eine wesentlich größere Heizfläche unterzubringen (Abb. 16). Bei gleichen Tei-

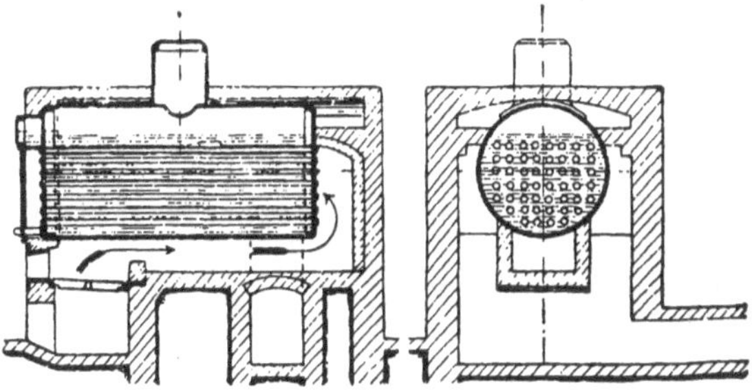

Abb. 16. Heizrohrkessel mit ebenen Böden

lungsverhältnissen steigt die Raumflächenbelastung f (m^2/m^3) umgekehrt proportional zum Rohrdurchmesser[1]). Im allgemeinen verwendet man Heizrohre von 76 bis 89 mm ä. ∅ und erhält so eine Gesamtheizfläche für den Rauchrohrkessel, die bei gleichen äußeren Abmessungen etwa 4 bis 5 mal so groß wie die eines Flammrohrkessels ist. Der spezifische Wasserinhalt (Liter/m^2) wird ebenfalls kleiner, und die in Abschnitt A 3 durchgeführte Anheizrechnung ist entsprechend abzuändern. Rauchrohrkessel können nur mit Unterfeuerung aus-

[1]) Vgl. *Marcard* und *Fritsch*, Raumflächenbelastung und Raumwärmeleistung bei Dampfkesseln. Die Wärme Bd. 59 (1936), S. 26.

gerüstet werden. Sie werden auch gerne als Abhitzekessel benutzt. Ihre spezifische Kesselleistung ist infolge der großen Heizfläche erheblich kleiner als die der Flammrohrkessel. Die Heizrohre ordnet man in Bündeln an, die unter sich und von der Mantelwand einen Abstand von 300÷400 mm haben müssen, damit der Kessel zum Zwecke der Reinigung befahren werden kann. Trotzdem ist die Reinigung schwierig, und gute Speisewasserverhältnisse sind wichtig.

Die Rohre werden als Anker- und Heizrohre ausgebildet. Die Ankerrohre werden eingeschraubt, die Heizrohre nur eingewalzt und beide nachher gebördelt. Infolge der unmittelbaren Beheizung der Walzstellen durch die Feuergase werden diese leicht undicht.

Der Wasserumlauf ist ungeordnet. Infolge des geringeren spezifischen Wasserinhaltes (l/m^2) ist daher eine große Wärmebeanspruchung zu vermeiden.

Diese vielfachen Nachteile haben dazu geführt, daß neue Rauchrohrkessel nur noch in Ausnahmefällen hergestellt werden und daß man sie nur noch für kleine Beanspruchungen verwendet, z. B. als Abhitzekessel ohne eigene Feuerung.

d) Flammrohr-Rauchrohrkessel

Die Verquickung von Flammrohren und Rauchrohren in einem Kessel gestattet, die Vorteile der beiden Bauelemente auszunutzen, ohne daß die vorstehend genannten Nachteile in Erscheinung treten. Man unterscheidet Flammrohr-Rauchrohrkessel mit vorangehenden und rückkehrenden Rauchrohren.

Lokomobilkessel (Abb. 17) gehören zur ersten Bauart und sind im allgemeinen so ausgeführt, daß das ganze Röhrenbündel zum Zwecke der Reinigung herausgezogen werden kann. Der Überhitzer wird in einer Rauchkammer hinter den Röhren untergebracht. Von hier gehen die Gase unmittelbar zum Schornstein. Auf die Beheizung des Mantels wird verzichtet.

Der VKW-Hollandkessel (Abb. 18) stellt eine Weiterentwicklung des einfachen Flammrohr-Rauchrohrkessels mit vorangehenden Rohren dar. Er verwendet ein sehr weites Flammrohr von 1,4 bis 2 m ∅, um nicht nur eine große Rostfläche unterbringen zu können, sondern auch einen hohen und

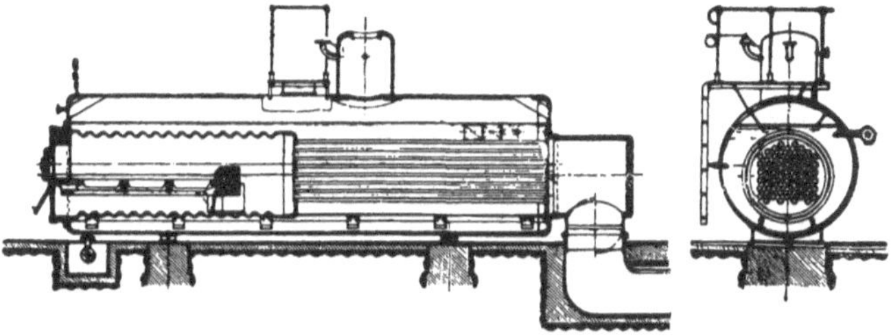

Abb. 17. Liegender, ausziehbarer Feuerbüchs-Rauchrohrkessel (Lokomobilkessel) mit Planrostfeuerung, ganz geschweißte Ausführung

reichlichen Feuerraum zu erhalten, wodurch der Verbrennungsvorgang begünstigt wird. Da bereits große Wärmemengen durch Strahlung im Flammrohr abgegeben werden, gelangen die Rauchgase mit verhältnismäßig geringen Temperaturen an die Rohre, so daß eine Gefährdung der Verbindungsstellen nicht mehr besteht. Das Röhrenbündel ist dreimal unterteilt, und zwar in zwei vorangehende und ein rückkehrendes Bündel. Dadurch wird eine gute wärmetechnische Ausnutzung erzielt. Der Überhitzer liegt hinter dem ersten Bündel. Zum Anheizen kann ein Kurzschluß-Schieber geöffnet werden, der den 2. und 3. Zug umgeht. Der Kesselmantel wird nicht beheizt. Eine verhältnismäßig dünne abnehmbare Isolierung verhindert die Wärmeabstrahlung. Der Platzbedarf ist wegen des Fehlens von Mauerwerk gering.

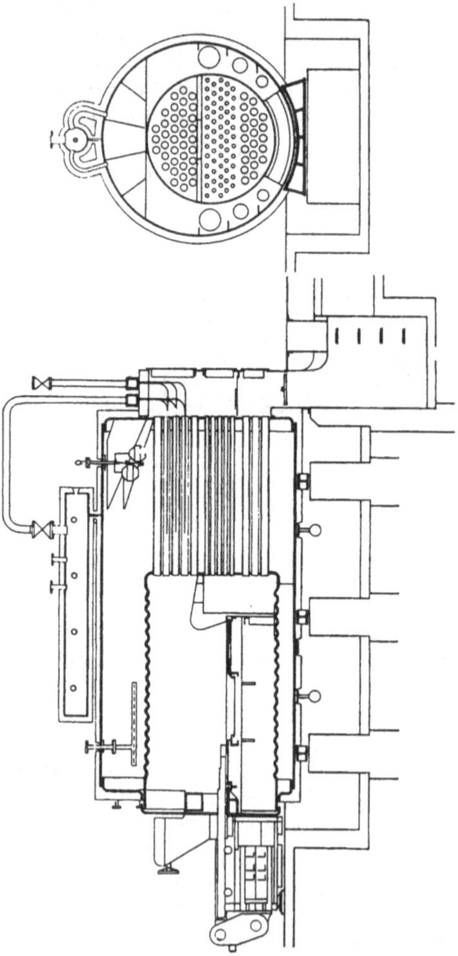

Abb. 18. Hollandkessel mit Überhitzer in den Rauchrohren und mechanischem Planrost

Andere Bauarten suchen das gleiche Ziel auf ähnliche Weise zu erreichen.

Ein Flammrohr-Rauchrohrkessel mit rückkehrenden Rohren ist der sog. „Schiffskessel“ (Abb. 19), der sich nicht nur an Bord, sondern auch an Land seinen Platz erhalten hat. Er wird sowohl als Zweiflammrohrkessel wie auch an Bord als Drei- und Vierflammrohr- und als Doppelenderkessel ausgeführt. Das Flammrohr wird mit der Rauchkammer zusammengeschweißt, welche durch zahlreiche Stehbolzen mit der Rückwand und dem Kesselmantel verankert wird. Die Rauchrohre sind eingewalzt. Der Überhitzer wird durch Einsteckrohre gebildet, die in den Rauchrohren liegen und in Sammelkästen münden. Die beiden ebenen Kesselböden sind durch eine Reihe von Ankern verbunden.

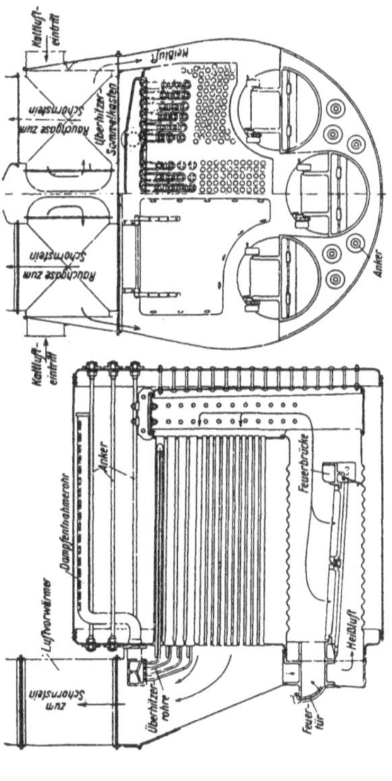

Abb. 19. Einender-Schiffskessel. Heizfläche 270 m², Dampfdruck 15 atü

e) Doppelkessel

Unter Doppelkesseln (Abb. 20) versteht man im allgemeinen die Übereinanderordnung von je einem Flammrohr- und Rauchrohrkessel. Der Vorzug dieser Kombination bestand in der Unterbringung großer Heizflächen (bis zu 500 m^2), so daß eine gute Wärmeausnutzung gewährleistet war, und in großem Speichervermögen. Da die erzeugbare Wärme-

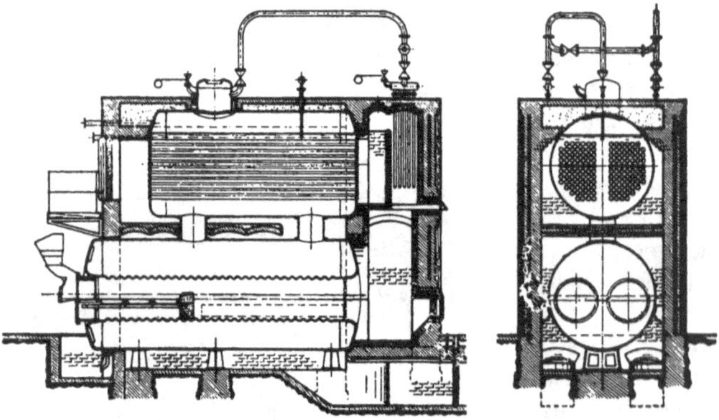

Abb. 20. Doppelkessel mit Überhitzer und selbsttätiger Wurffeuerung. Unterkessel als Zweiflammrohrkessel, Oberkessel als Rauchrohrkessel ausgebildet

menge jedoch durch die Rostgröße in den Flammrohren beschränkt war, war die spezifische Leistung der Doppelkessel gering. Sie werden heute nicht mehr gebaut, zumal sie infolge ihres großen Wasserinhaltes eine außerordentlich große Anheizträgheit besitzen und im Vergleich zu ihrer Leistung sehr teuer sind. Wo Kessel großer Heizfläche benötigt werden, verwendet man heute Wasserrohrkessel.

4. Wasserrohrkessel

Man kann grundsätzlich zwei verschiedene Bauarten unterscheiden, für die es leider bisher keine scharf kennzeichnenden

Namen gibt. Infolge der revolutionären Entwicklung, die der Kesselbau in den letzten Jahrzehnten durchgemacht hat, sind die früher üblichen Bezeichnungen wie Schrägrohr- oder Steilrohrkessel dem Worte nach nicht mehr richtig, da man Schrägrohrkessel zuweilen auch mit steilen Rohren und Steilrohrkessel mit schrägen Rohren ausführt. Es wäre erwünscht, wenn diese Unklarheit durch genau definierte Begriffsbestimmungen beseitigt würde. Im Kesselbau haben sich überhaupt verschiedene nicht scharf umrissene Bezeichnungen eingeführt, die — teilweise aus Reklamegründen — von bestimmten Firmen bevorzugt werden, ohne wesentliche technische Unterschiede zu kennzeichnen, z. B. Strahlungskessel, Großfeuerraumkessel, Hochleistungskessel usw. und Kombinationen dieser Ausdrücke von oft beachtlicher Länge.

Zunächst sollen die Unterschiede zwischen den beiden Bauarten aufgezeigt werden, die mit „Kammerkessel" und „Trommelkessel" bezeichnet sein mögen. Die Abmessungen der Rohre liegen im Landdampfkesselbau, je nach dem Druck, etwa zwischen 50 ÷ 100 mm äußerem Durchmesser, während man im Schiffbau 30 ÷ 40 mm verwendet. Nur bei den Sonderbauarten mit Zwanglauf (vgl. Abschnitt B 4 e u. f) werden heute kleinere Rohrdurchmesser benutzt. Die Kammern haben einen Wandabstand von etwa 150 ÷ 250 mm. Die Durchmesser der Trommeln liegen im allgemeinen zwischen 1000 bis 1600 mm.

1. Kammerkessel (Schrägrohrkessel)

Die ältere Bauart, die ursprünglich ganz allgemein nur als Wasserrohrkessel und dann — mit dem Auftreten der Steilrohrkessel — zum Unterschied als Schrägrohrkessel bezeichnet wurde, weil die Rohre schräg, etwa unter 15° geneigt, waren, ist dadurch gekennzeichnet, daß die Bauelemente Rohre, Kammern und Trommeln sind. Die beheizten Rohre sind vorwiegend gerade und werden in die Kammern eingewalzt. Unbeheizte bzw. wenig beheizte Rohre verbinden sodann die Kammern mit den Trommeln.

Daraus ergibt sich eine wichtige Folgerung, die sich konstruktiv auswirkt. Während die Trommeln zur Ausführung von Unterhaltungsarbeiten befahren werden können, so daß auch die Einwalzung der verbindenden Rohre von innen erfolgen kann, ist das naturgemäß bei den kleinen Kammern unmöglich. Daher ergibt sich die Notwendigkeit, gegenüber jedem Rohrende in der andern Wandung der Kammer ein Loch vorzusehen, durch das man an die Rohreinwalzstelle heran kann. Diese Löcher müssen dann durch besondere Verschlüsse dicht gemacht werden. So haben die Zweikammerkessel doppelt so viel Verschlüsse wie Siederohre. Diesem Nachteil der vielen Dichtungsstellen, die man heute einwandfrei bis zu den höchsten Drücken beherrscht, steht der Vorteil gegenüber, daß man die Auswechselung eines Rohres von außerhalb vornehmen kann, ohne den Feuerraum oder eine oder mehrere Trommeln befahren zu müssen. Die Auswechselung kann daher sehr schnell erfolgen, weil man nicht auf das Abkühlen des Kesselinnern zu warten braucht. Dieser Gesichtspunkt wird aber mehr und mehr dadurch hinfällig, daß man im Kesselbau in wachsendem Maße zu geschweißten Systemen übergeht und daß bei Schäden Rohre nur noch selten ausgewechselt, sondern durch eingeschweißte Stücke wiederhergestellt werden.

Kammerkessel sind schon sehr alt. Der Deutsche Dr. *Alban* baute die ersten brauchbaren Schrägrohr-Kammerkessel. Im Jahre 1840 entstand sein Einkammerkessel und im Jahre 1857 der Zweikammerkessel, der bereits alle heute gültigen technischen Merkmale aufweist und das Vorbild für die späteren Schrägrohrkessel gewesen ist.

2. Trommelkessel (Steilrohrkessel)

Im Gegensatz zu den Kammerkesseln findet man hier als Bauelemente nur Trommeln und Rohre. Die Kammern fallen fort. Dadurch ist die Möglichkeit gegeben, die Verbindung der Bauteile lediglich durch Einwalzung vom Trommelinnern aus zu bewerkstelligen, und die Rohrlochverschlüsse können fortfallen. Die Rohre sind jedoch im Gegensatz zum Kammerkessel in den meisten Fällen gebogen.

Da die Rohre bei den Trommelkesseln steil angeordnet wurden (je nach der Lage im Kessel etwa $50 \div 90^0$), so führte sich für diese Bauart sehr schnell der Name „Steilrohrkessel" ein, der jedoch in letzter Zeit immer mehr seine ursprüngliche Begriffsbestimmung verlor.

Im Jahre 1904 baute *Garbe* den ersten Trommelkessel mit steilen, geraden Rohren. 1906 wurde der *Stirling*kessel mit gebogenen Rohren bei uns eingeführt.

Mit der Entwicklung des Strahlungskessels wurde es notwendig, den Kesselraum immer mehr mit Kühlrohren auszustatten, für die bei der starken Beheizung durch Strahlung besonders gute Wasserumlaufbedingungen geschaffen werden mußten. Dies konnte im allgemeinen nur dadurch geschehen, daß man die Kühlrohre als einen selbständigen Teil des Kessels ausbildete und sie von dem Wasserumlauf des eigentlichen Kessels unabhängig machte. Die Kühlrohre werden demzufolge zu größeren Elementen zusammengefaßt und münden unten und oben in besonderen Kammern, an die wieder die erforderlichen Fall- und Steigrohre angeschlossen werden. Den Fallrohren wird das Wasser aus einer Trommel des Kessels zugeführt, die Steigrohre gießen meistens in den Dampfraum aus. Die Kammern erhalten die erforderliche Anzahl von Rohrlochverschlüssen. So kann es kommen, daß ein neuzeitlicher Strahlungs-Steilrohrkessel (Trommelkessel) bei seiner Feuerraumheizfläche (Kühlfläche) in den angeschlossenen Kühlelementen ein Kennzeichen des Kammerkessels (die Verschlüsse) aufweist. Um Zweideutigkeit zu vermeiden, ist es daher notwendig, eine Anlage nach dem eigentlichen Kessel zu benennen, ohne Rücksicht auf die zusätzlichen Heizflächen.

Zu den Wasserrohrkesseln gehören auch die verschiedenen Bauarten der sog. „Sonderkessel", die insbesondere für hohe Betriebsdrücke entwickelt wurden und die in den Abschn. e) und f) beschrieben sind.

Für Wasserrohrkessel hat sich noch eine weitere Art der Benennung herausgebildet, die für alle Bauarten gleichmäßig gilt, nämlich die Kennzeichnung nach der Anzahl der Rauchgaszüge. So spricht man von 4-, 3-, 2-, $1^1/_2$- und 1-Zug-Kesseln. Mit der Steigerung der Leistung hat durchweg die Anzahl der Rauchgaszüge abgenommen, und die Entwicklung geht immer mehr vom Vielzug- zum Wenigzugkessel. Doch spielen vorhandener Raum und andere örtliche Besonderheiten hierbei eine entscheidende Rolle.

a) Großkammerkessel

Großkammerkessel (zum Unterschied von Teilkammerkesseln), meistens jedoch nur kurz Kammerkessel genannt, werden heute in Deutschland kaum noch gebaut, sind aber noch zu vielen Tausenden in Betrieb. Abb. 21 zeigt einen solchen Dreizugkessel mit längsliegender Obertrommel. Die Wasserkammern sind flache, kastenartige Teile, die nur für mäßige Drücke (bis zu etwa 20 atü) Verwendung finden. Sie sind aus ebenen Wänden hergestellt und durch Stehbolzen versteift. Bei den älteren Großkammerkesseln wurden die beiden Kammern mit möglichst weiten Stutzen an die Obertrommel angenietet. Es stellte sich jedoch heraus, daß diese Art der Befestigung, zumal wenn noch zusätzlich Verstärkungsringe aufgesetzt wurden, unzweckmäßig war. Infolge ihrer Unelastizität führte sie zu großen Wärmespannungen, so daß Undichtigkeiten und Rißbildung auftraten. Heute werden daher die Großkammern grundsätzlich nicht mehr an die Obertrommel angenietet. Die Verbindung erfolgt vielmehr durch eingewalzte Rohre, die die erforderliche Elastizität des Kessels gewährleisten (Abb. 21 zeigt eine derartige Ausführung).

Als einen der wichtigsten Grundsätze für die Gestaltung von Kesseln kann man auf Grund der Erfahrungen mit dem

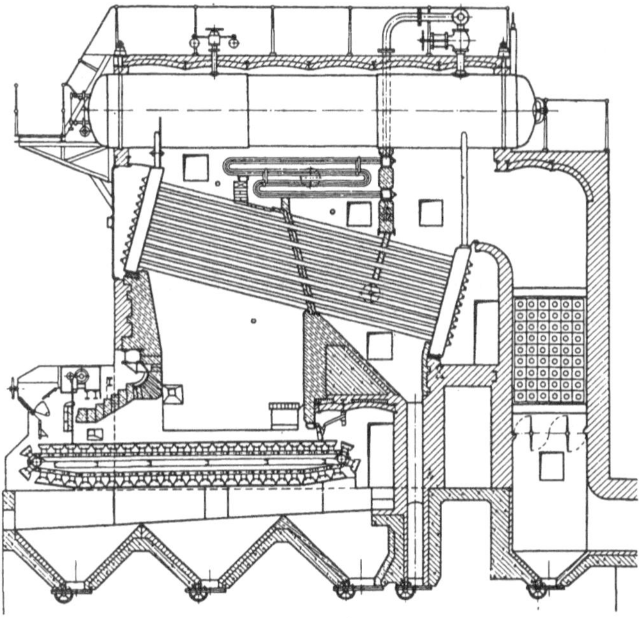

Abb. 21. Dreizug-Großkammer-Schrägrohrkessel mit längsliegender Obertrommel und Wanderrostfeuerung. Man beachte die nachgiebige Rohrverbindung der vorderen und hinteren Großkammer mit der Obertrommel, die Erzwingung von drei annähernd senkrecht gegen das Rohrbündel gerichteten Rauchgaszügen durch Lenkwände, die so eingebaut sind, daß der Rauchgaskanalquerschnitt entsprechend der Temperatursenkung abnimmt

alten steifen Kammerkessel folgendes festlegen: Wärmebeanspruchungen — und diese sind im Kesselbau nicht zu vermeiden — lassen sich nicht durch starre Konstruktionen oder durch Einbau von Versteifungen, Ankern oder dergl. halten, sondern sie können nur durch elastische Bauweise überwunden werden. An einem einfachen Beispiel soll die Bedeutung von Wärmespannungen näher erläutert werden. Abb. 22 zeigt zwei Blechstücke, die man sich aus einer Kesselnietung (beispielsweise der Kammerkrosche) herausgeschnitten denken mag. Da die beiden Bleche nicht ganz genau aufeinander aufgepaßt sind, so daß ein schmaler Spalt von wenigen Zehntel Millimeter dazwischen liegt, ist die Wärmeübertragung behindert. Wird nun

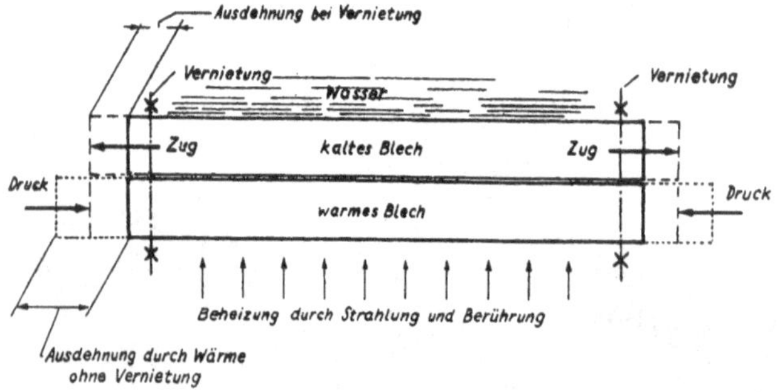

Abb. 22. Bedeutung der Wärmespannung in Blechen

beispielsweise das untere Blech durch die Feuergase stark beheizt, das obere durch das Kesselwasser gekühlt, so entstehen folgende Bedingungen: Das untere Blech dehnt sich aus, und zwar ist die Ausdehnung Δl_1 bei einer Erwärmung um t^0

$$\Delta l_1 = l \cdot t \cdot \alpha,$$

wobei α die Wärmeausdehnungszahl des Werkstoffes ist (bei Stahl ist $\alpha = 0{,}000012$). Das obere Blech dagegen erfährt durch die starre Nietverbindung mit dem unteren Blech eine Zugbeanspruchung, die sich im elastischen Gebiet nach dem Proportionalitäts-Gesetz von *Hooke* berechnen läßt:

$$\Delta l_2 = l_2 \cdot \frac{\sigma}{E},$$

wobei σ die Zugbeanspruchung und E der Elastizitätsmodul sind (bei Stahl ist $E = 2{,}1 \cdot 10^6$ kg/cm²). Sind beide Bleche gleich dick, dann kann man Δl_1 gleich Δl_2 setzen, und es ergibt sich die Zugbeanspruchung

$$\sigma = \alpha \cdot E \cdot t.$$

Bezogen auf 1° Temperaturunterschied wird also

$$\begin{aligned} \sigma_{1^\circ} &= \alpha \cdot E \cdot 1 \\ &= 0{,}000012 \cdot 2100000 = \text{rd. } 25 \text{ kg/cm}^2. \end{aligned}$$

Man sieht daraus, daß bereits ganz geringe Temperaturunterschiede zwischen zwei starr miteinander verbundenen Blechen zu außerordentlich großen Beanspruchungen führen. Das bedeutet mit anderen Worten, daß sich Wärmebeanspruchungen nicht durch starre Konstruktionen beherrschen lassen, sondern daß man ihnen nur durch elastische Bauweise begegnen kann. In manchen Fällen kann man dadurch Abhilfe schaffen, daß man durch eine entsprechende Abdeckung oder dergl. das betr. Bauteil, z. B. die Nietverbindung, vor übermäßiger Beheizung schützt.

Bei Großkammerkesseln alter Bauart mit starren Kroschen macht man von dieser Erkenntnis Gebrauch, indem man die Kammern in der Art umbaut, wie es Abb. 21 zeigt, oder zum mindesten die Kammerverbindung mit der Trommel durch eine Abmauerung von unzulässiger Wärmebeanspruchung zu schützen versucht.

Großkammerkessel sind als Doppelkessel bis zu etwa 700 m² gebaut worden. Als 4-Zugkessel kann man mit einer spezifischen Dampfleistung von etwa 20 bis 25 kg/m²h rechnen. Bei 3-Zugkesseln kommt man auf etwa 30 ÷ 40% höhere Dampfleistungen. Alte 4-Zugkessel können häufig mit Vorteil für höhere Leistungen umgebaut werden, wenn gleichzeitig die starre Kammerverbindung durch eine elastische ersetzt und die alten flachen Trommelböden gegen neue Tiefwölbböden ausgewechselt werden. Meistens ist bei dem Umbau eine Neugestaltung der Feuerung erforderlich.

Der Wasserumlauf in Kammerkesseln ist im allgemeinen durchaus geordnet, da die Anzahl der Siederohre übereinander durch die Kammergröße beschränkt ist und mehr als 9 Rohrreihen kaum ausgeführt werden.

b) Teilkammerkessel (Sektionalkessel)

Der Großkammerkessel ist fast vollständig durch den Teilkammerkessel verdrängt worden, der in Deutschland um die Jahrhundertwende durch die Deutschen *Babcock*- und *Wilcox*-Dampfkesselwerke in Oberhausen unter dem Namen „Sektionalkessel" eingeführt wurde. Bei dieser Bauart sind die beiden Großkammern durch eine Reihe von schmalen Kleinkammern ersetzt, die quadratischen Querschnitt und wellenförmige, heute auch vielfach glatte, Gestalt haben (Abb. 23). In jeder Welle befindet sich auf der einen Seite der Kammer das Rohrloch und ihm gegenüber das Verschlußloch. So sind die sämtlichen Rohre einer senkrechten Reihe in je einer vorderen und hinteren Teilkammer zusammengefaßt, wobei durch die Wellenform eine versetzte Anordnung erreicht wird. Man hielt sie aus Gründen der Wärmeübertragung ursprünglich für nötig. Die Anfänge des *Babcock-Wilcox*-Kessels reichen bis in das Jahr 1856 zurück, wo der Amerikaner *Stephan Wilcox* seinen ersten Kessel herausbrachte.

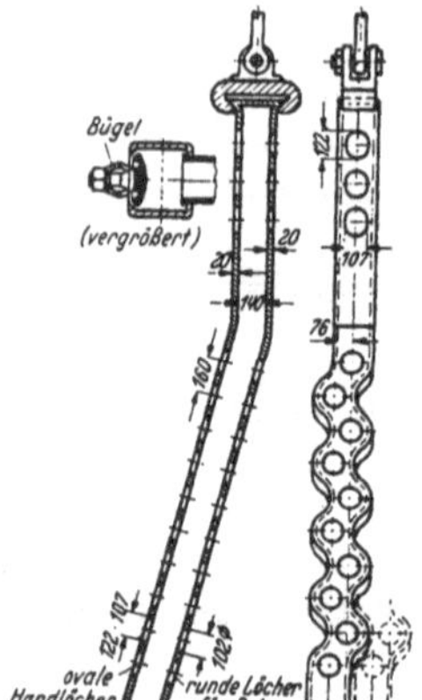

Abb. 23. Normale gewellte Teilkammer mit Verschluß

Durch die Auflösung des Kessels in einzelne Register, die durch Rohre mit der entweder längs- oder querliegenden Obertrommel verbunden sind (vgl. z. B. Abb. 24), wird gute Elastizität erreicht. Die Möglichkeit der Serienfabrikation ist gegeben. Ferner ist die Kesselbreite nicht durch die Kammerbreite beschränkt. Während man bei Großkammerkesseln höchstens zwei Kammern zu einem Block zusammenbaute, kann hier bei querliegender Obertrommel jede Breite hergestellt werden. Kessel mit 40 bis 50 Teilkammern nebeneinander sind vielfach ausgeführt worden.

Die Rohrlochverschlüsse (siehe Abb. 23), deren Abdichtung eine gewisse Erfahrung und Sorgfalt erfordert, sind heute so gut durchgebildet, daß Drücke von 150 at und mehr beherrscht werden können. Die spez. Leistungen der ursprünglichen Sektionalkesselbauart mit längsliegender Trommel und Sattelstücken, die zur Verbindung mit den Sektionen dienten und die heute wegen ihrer Starrheit nicht mehr ausgeführt werden, liegen in der gleichen Größenordnung wie beim Großkammerkessel. Aber bereits beim sogenannten „Schiffstyp" mit querliegender Obertrommel werden wesentlich höhere Heizflächenleistungen, z. B. 40 ÷ 60 kg/m²h, erzielt, je nach Auslegung des Kessels. Man geht auch beim Teilkammerkessel zu großen Nachheizflächen und zusätzlichen Strahlungsflächen zur Feuerraumkühlung über (Abb. 24) und erreicht damit aus den auf S. 21 angeführten Gründen spez. Leistungen von 100 kg/m²h und mehr.

Der Wasserumlauf in Sektionalkesseln ist wie bei den Großkammerkesseln durchaus geordnet, wenn die Anzahl der Rohrreihen gering ist. Er nimmt jedoch von Reihe zu Reihe nach oben hin ab, so daß bei einer größeren Zahl von übereinanderliegenden Rohrreihen mit einer Umkehr der Wasserströmung in den oberen Reihen zu rechnen ist. Diese wirken dann gewissermaßen als Fallrohre. Die Untersuchungen von

Ziegler[1]) haben darüber Klarheit geschaffen, nachdem man bei Kesseln der Vielrohrreihenbauart (z. B. 15 Siederohre und 8 Rücklaufrohre übereinander) Anfressungen in den oberen

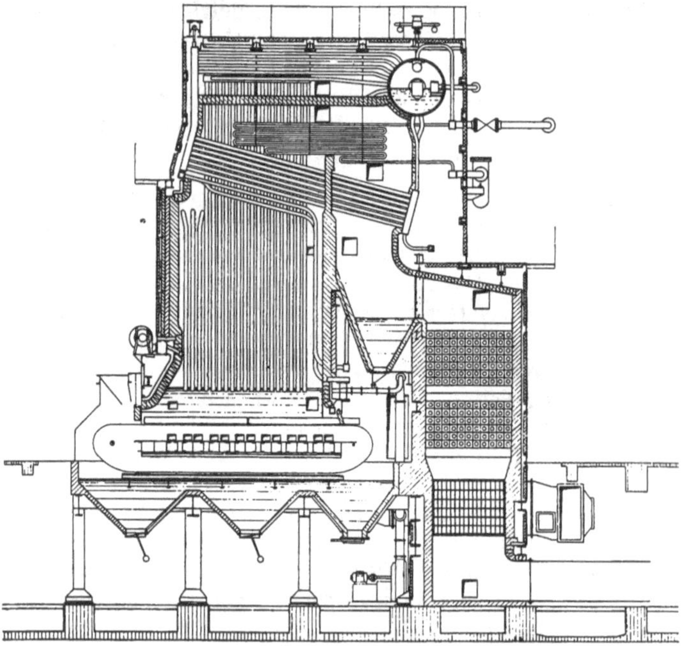

Abb. 24. Teilkammerkessel mit querliegender Trommel, gekühltem Feuerraum, Speisewasser- und Luftvorwärmer

Rohrreihen feststellte. Diese entstanden dadurch, daß sich an jenem Rohr, wo weder Vor- noch Rücklauf war, der Dampf staute und hier örtlich überhitzt wurde, so daß er teilweise in

[1]) *Ziegler*, Mitt. der VGB, Heft 32 vom 31. 5. 1931

seine chemischen Bestandteile Sauerstoff und Wasserstoff zerfiel, was bei etwas über 500° beginnt (Dampfspaltung).

Seitdem werden Hochleistungs-Schrägrohrkessel nur noch mit wenigen Rohrreihen (etwa 5 bis 6) gebaut. Grundsätzlich wird der Wasserumlauf der Feuerraum-Kühlelemente unabhängig vom eigentlichen Kessel selbständig durchgebildet, wie z. B. Abb. 24 zeigt. Je höher die Kesselbelastung ist, desto weniger Rauchgaszüge werden ferner vorgesehen. Hochleistungskessel werden vorwiegend als Ein- oder 1½-Zug-Kessel gebaut.

Der Teilkammerkessel hat eine Reihe von Abwandlungen gegenüber seiner ursprünglichen Form als Längstrommelkessel erfahren. Der heute fast ausschließlich verwendete Quertrommelkessel bedeutete — wie bereits erwähnt — eine große Verbesserung. Durch Steilerstellen der Siederohre auf über 50°, z. B. bei den Kesseln von *Bodler* und *Maas*, oder sogar senkrecht, wie es bei einigen Abhitzekesselbauarten geschieht, versuchte man besonders günstige bauliche Gestaltung mit besseren Wasserumlaufbedingungen zu vereinigen. Doch ist man davon wieder abgekommen. Hierdurch bereits hat eine Verbiegung des Begriffes „Schrägrohrkessel" eingesetzt. Es ist wichtig, festzuhalten, daß diese Kessel dadurch keine „Steilrohrkessel" im Sinne dieses Wortes wurden. Man bezeichnet sie zweckmäßig als „Teilkammerkessel mit steilen Rohren", um Verwechslungen und Unklarheiten zu vermeiden.

Aber auch Kombinationen von Teilkammern mit geraden, schrägen und gekrümmten steilen Rohren sind vorgeschlagen worden (*Jiges*-Kessel, *Garbe*-Schrägrohr-Steilrohrkessel).

Die Anwendung von sogenannten Sägekammern gestattet, trotz schräger Rohranordnung die Teilkammern senkrecht zu stellen. Die Sägekammern sind aber schwer herzustellen und daher heute verlassen.

Im Gebiet kleiner Leistungen werden heute Teilkammerkessel gerne verwendet, da ihr Wasserinhalt wegen der großen

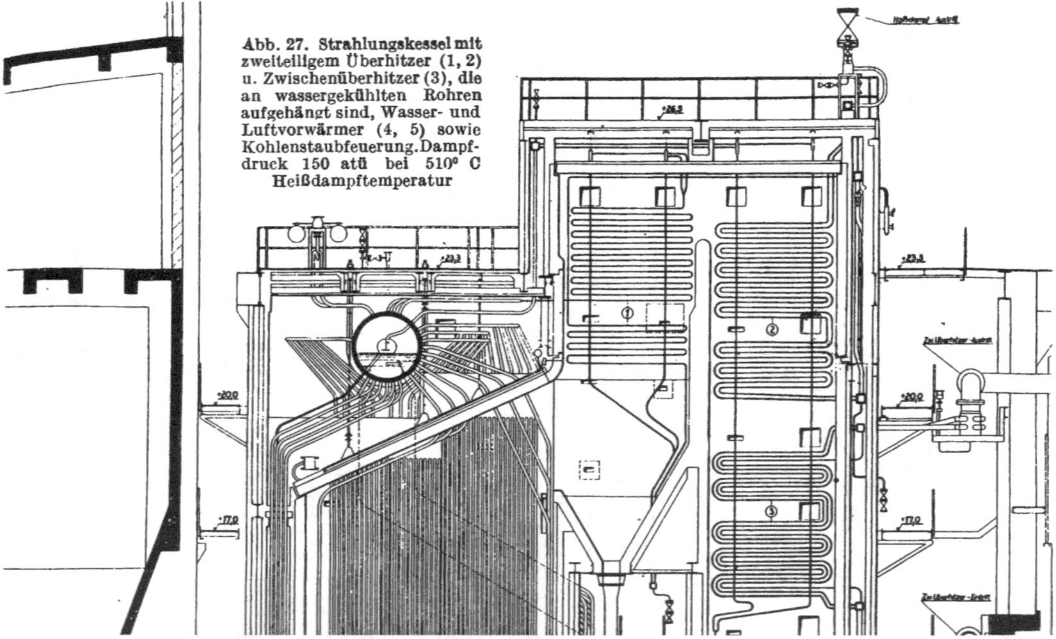

Abb. 27. Strahlungskessel mit zweiteiligem Überhitzer (1, 2) u. Zwischenüberhitzer (3), die an wassergekühlten Rohren aufgehängt sind, Wasser- und Luftvorwärmer (4, 5) sowie Kohlenstaubfeuerung. Dampfdruck 150 atü bei 510° C Heißdampftemperatur

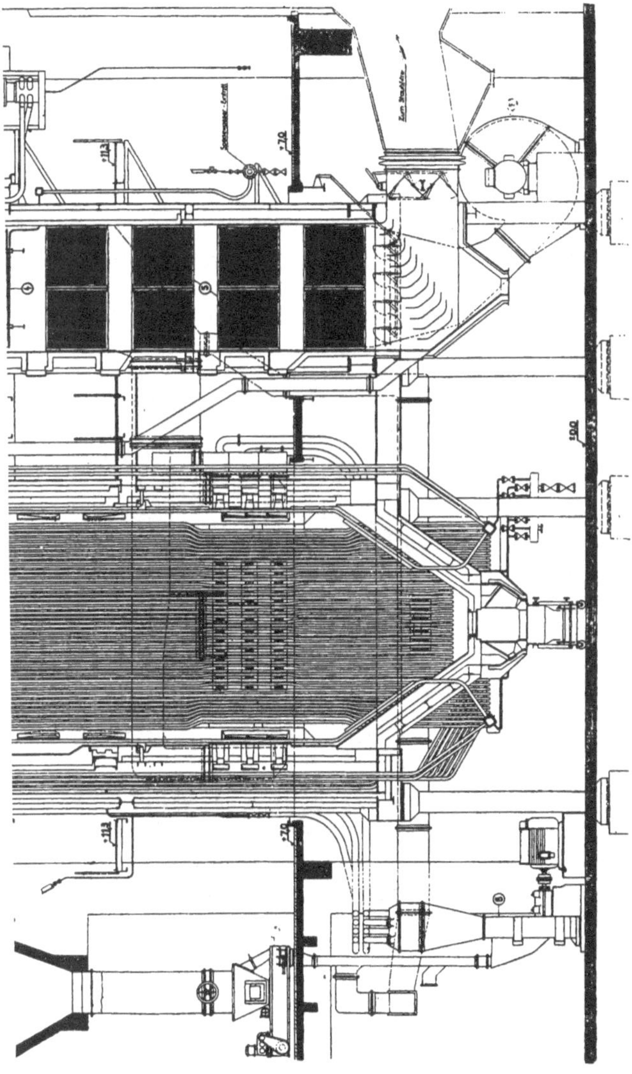

Trommel verhältnismäßig groß ist und die Sektionen schon im Werk fertig zusammengebaut werden können, so daß die Montage einfach ist. Manche Firmen haben besondere kleine Bauarten entwickelt, z. B. Abb. 25, die weitgehend vereinfacht und vereinheitlicht sind.

c) Trommelkessel (Steilrohrkessel)

Unter Steilrohrkesseln (z. B. Abb. 26) versteht man Wasserrohrkessel, bei denen keine Kammern, sondern lediglich Trommeln und Rohre als Bauelemente Verwendung finden. Dadurch hat man nur runde Teile, was für die Beherrschung hoher Drücke als besonderer Vorzug angesehen wird. Die Rohre waren bei den ersten Bauarten steil angeordnet, so daß man bei der Einführung des Kessels in Deutschland, kurz nach der Jahrhundertwende, dieses Merkmal für so charakteristisch hielt, daß man glaubte, daraus den Namen für diese Bauart ableiten zu können. Wie wir gesehen haben, werden heute aber auch Teilkammerkessel mit steilen Rohren ausgeführt, während andererseits Steilrohrkessel mit schrägen Rohren auf dem Markt sind. Heute haben diese Unterscheidungen nur noch Bedeutung für schon bestehende Kessel. Die neuen Bauarten werden meist nach anderen Gesichtspunkten eingeteilt, z. B. nach

der Anzahl der Trommeln („Eintrommelkessel"),
der spez. Leistung („Hochleistungskessel"),
dem Betriebsdruck („Hochdruckkessel"),
der Art der Wärmeübertragung („Strahlungskessel"),
der Art der Wasserbewegung („Zwangdurchlaufkessel"),
der Feuerungsart („Rostkessel", „Staubkessel"),
der Anzahl der Rauchgaszüge („Zweizugkessel"),

wobei häufig auf mehrere Merkmale gleichzeitig hingewiesen wird, so daß sich zuweilen Mammutbezeichnungen ergeben (z. B. „Eintrommel-Hochleistungs-Strahlungskessel"). Grundsätzlich kann man feststellen, daß die früher mehr- oder

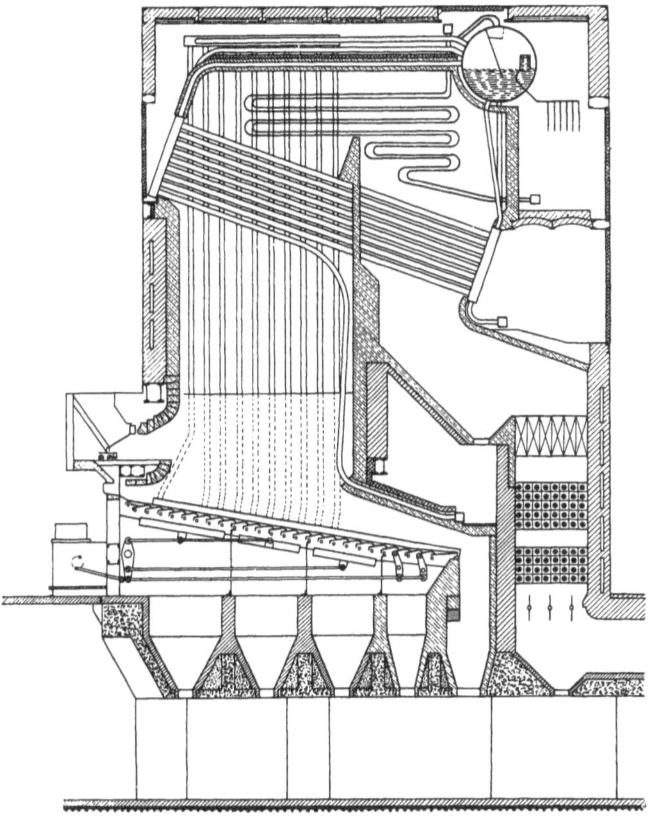

Abb. 25. Teilkammerkessel für kleine und mittlere Leistungen mit Schrägrost für Rohbraunkohle

vielfach vorhandenen Gestaltungselemente heute nur noch in geringer Zahl oder Einzahl eingebaut werden. So ging man z. B. von Bauarten mit bis zu 7 Trommeln zu solchen mit nur

1 oder 2 Trommeln über. Diese Entwicklung ist schon aus wirtschaftlichen Gründen verständlich, wenn man sich die Kosten von Hochdrucktrommeln vor Augen hält, die mit

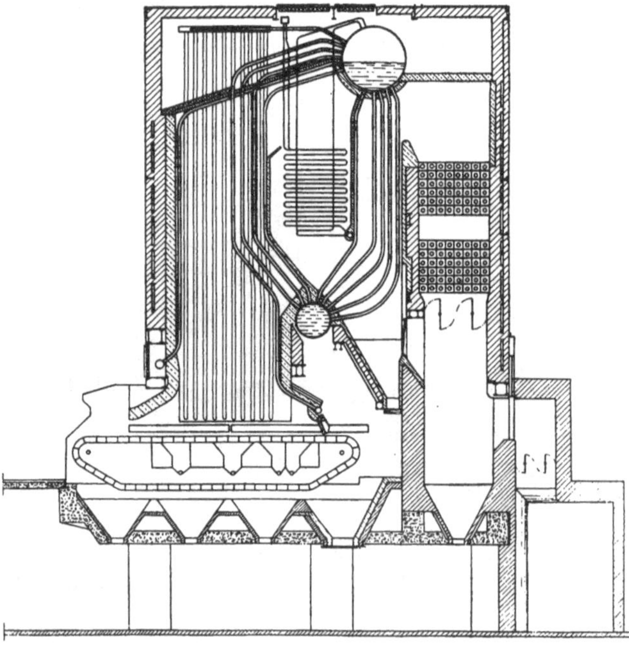

Abb. 26. Zweitrommel-Steilrohrkessel mit liegendem Überhitzer, gekühltem Feuerraum, Speisewasservorwärmer und Zonenwanderrost

steigendem Druck erheblich zunehmen, während die Kosten der Rohrheizfläche nahezu unverändert bleiben. Die Entwicklung ist aber zugleich auch eine Folge der systematischen Erforschung der Wasserumlaufverhältnisse, die aus dem Zustand der Vermutung und Empirie immer mehr in das der wissenschaftlichen Erkenntnis und Vorausberechnung übergegangen sind. Immerhin ist aber auch zu beachten, daß der spezifische Wasserinhalt (l/m²) um so kleiner wird, je weniger und je kleinere Trommeln Verwendung finden. Bei den heutigen Hochleistungskesseln setzt das einen vollständig eindeutigen Wasserumlauf voraus, bei dem niemals Pendelungen oder Stauungen auftreten können. Das führte zwangläufig dazu, daß die Fallrohre aus dem Rauchgasstrom herausgelegt wurden, und zwar um so mehr, je höher der Druck ist.

Trommelkessel mit geraden Rohren, die nach der 1904 von *Garbe* entwickelten Bauart in vielen Exemplaren gebaut wurden, werden nicht mehr hergestellt. Ihre mechanische Elastizität war unzureichend. Heute beherrscht das gebogene Rohr die Gestaltung. Der früher oft erwähnte Nachteil, daß man durch gebogene Rohre nicht hindurchsehen und sie auf Ablagerungen o. dgl. prüfen könne, kann beim heutigen Stande der Wasseraufbereitungstechnik leicht in Kauf genommen werden. Dafür tauscht man eine wesentlich größere Elastizität und einfachere Trommelgestaltung ein. Bei dem *Garbe*kessel mit geraden Rohren war die Anwendung besonderer gepreßter Mantelplatten erforderlich, deren Herstellung für die heute üblichen Drücke ohnehin Schwierigkeiten machen würde.

Die immer mehr zunehmende Anwendung der Schweißtechnik auch im Rohrsystem der Dampfkessel ermöglicht heute sehr freies Gestalten, da auf die Walzstellen und ihre Beanspruchung keine Rücksicht mehr genommen zu werden braucht. Wesentlich sind aber nach wie vor die Belange des Wasserumlaufes, und zwar im weitesten Sinne.

Auch bei den Trommelkesseln findet man häufig die Benennung nach der Anzahl der Rauchgaszüge, und kennt hier Kessel mit 4 oder sogar noch mehr Zügen (z. B. bei *Stirling*kesseln mit 7 Trommeln). Heute ist der 3-, 2- und 1-Zug-Kessel vorherrschend. Je höher die Wärmebeanspruchung der Kesselheizfläche ist und je geringer die Anzahl der Trommeln, desto weniger Züge finden Verwendung.

Trommelkessel werden (im Gegensatz zu Kammerkesseln) stets mit fluchtender Rohranordnung gebaut, um die Rohre gegebenenfalls durch die Rohrgassen hindurch auswechseln zu können. Allerdings geht man auch bei Kammerkesseln zu fluchtender Rohranordnung und ungewellten Teilkammern über, da der Einfluß der Versetzung auf den Wärmeübergang nach neueren Forschungsergebnissen unbedeutend ist und den wesentlichen Mehraufwand nicht rechtfertigt.

d) Strahlungskessel und Hochdruckkessel

Strahlungskessel (vgl. z. B. Abb. 24, 27 [S. 48, 50/51] und 29) können sowohl Teilkammer- wie auch Trommelkessel oder Kombinationen von beiden sein. Sie sind dadurch gekennzeichnet, daß der Feuerraum weitgehend durch Kühlflächen ausgekleidet ist und daß die Heizfläche des eigentlichen Kessels zu einem Geringstwert zusammenschrumpft. Neuzeitliche Hochleistungskessel werden immer als Strahlungskessel gebaut. Die stürmische Entwicklung des Kesselbaus in den letzten Jahrzehnten ist eine Folge der gleichzeitigen Anwendung wissenschaftlicher Erkenntnisse aus vielen Fachgebieten, die sich gegenseitig befruchtet haben und vielfältig miteinander verzahnt sind. Physik und Chemie, Strömungslehre, Lehre der Wärmeübertragung, Fortschritte auf dem Werkstoffgebiet, Entwicklung der Herstellungsverfahren und Folgerungen aus Betriebserfahrungen haben zusammengewirkt, um den modernen Dampfkessel zu schaffen. Viele dieser Einzeltatsachen bedingen sich gegenseitig, manche laufen aber auch parallel. Das ist z. B. der Fall bei der Entwicklung des Strahlungskessels und des Hochdruckkessels, die aber zeitlich so verlief, daß alle Hochdruckkessel gleichzeitig Strahlungskessel sind, ohne daß dies naturgesetzlich so sein müßte. Als „Hochdruckkessel“ bezeichnet man in der Regel solche Dampfkessel, deren Dampfdruck 80 atü und darüber beträgt. Unter etwa 25 atü spricht man im Kesselbau von „Niederdruckkesseln“, dazwischen von „Mitteldruck“[1]).

Der Begriff des „Strahlungskessels“ bildete sich etwa gegen Ende der 20er Jahre, als man die inzwischen zu riesigen Abmessungen angewachsenen Feuerräume in steigendem Maße mit Kühlflächen versehen mußte, um bei den großen Feuerungsleistungen und den verbesserten Verbrennungsbedingungen die hohen Temperaturen beherrschen zu können. Wie der Name bereits sagt, wird bei diesen Kesseln der weitaus größte Anteil der Wärme durch Strahlung übertragen (40 bis 60% und manchmal noch mehr). Der Name „Berührungskessel“ für die alten Bauarten, insbesondere aber für Abhitzekessel, wird zuweilen zur Betonung des Unterschiedes angewendet, hat sich aber nicht eingeführt.

Nach den „Kenngrößen und Begriffsbestimmungen“[2]) versteht man unter der Feuerraumheizfläche F_f (m^2) die Summe der „gesetzlichen“ Heizfläche (bei Landdampfkesseln auf der rauchgasberührten Seite gemessen) der den Feuerraum auskleidenden Rohre (seitliche, vordere und hintere Kühlrohre, Deckenkühlrohre, Kühlrost, seitliche Wasserkühlbalken bei Rostfeuerung) einschl. der ersten Rohrreihe, bei erweiterten Abständen in dieser Reihe oder versetzter Rohranordnung der ersten beiden Rohrreihen des Kesselrohrbündels. Es ist wichtig, die Verteilung der Feuerraumheizfläche anzugeben, z. B. auf Rohrbündel, Flügelrohre, Kühlrost usw. Bei mittelbar beheizten Rohren (z. B. *Bailey*-Wänden) gilt die Oberfläche der Platten als Heizfläche; die mit feuerfesten Steinen oder sonstwie abgedeckten Flächen sind nicht als Heizfläche zu betrachten.

---

[1]) Im Heizungskesselbau sind Niederdruckkessel solche von 0,5 atü Genehmigungsdruck und darunter.

[2]) Regeln für Abnahmeversuche an Dampfkesseln, DIN VDI 1942, Abs. 57. Vgl. auch: *K. Beck*, Dürr Dampfkessel-Taschenbuch, 5. Aufl. 1950, Dürrwerke Akt.-Ges. Ratingen.

Wie bereits erwähnt, baut man die Kühlsysteme heute grundsätzlich so, daß sie einen selbständigen, vom eigentlichen Kessel unabhängigen Wasserumlauf besitzen. Es ist erforderlich, die unbeheizten Fallrohre reichlich zu bemessen. Auf Kurzschlußrohre wird heute in der Regel verzichtet, da ihr Wert umstritten ist.

Für die Ausbildung der Feuerraumkühlflächen kann man drei verschiedene Bauformen unterscheiden, die in Abb. 28a

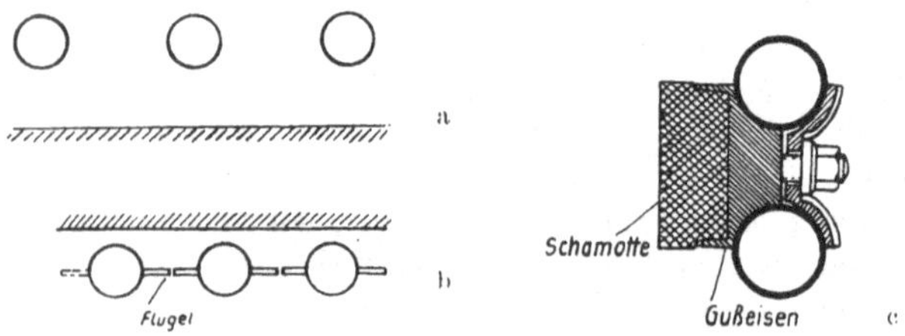

Abb. 28
Feuerraumkühlung durch a) glatte Rohre, b) Flügelrohre, c) Bailey-Wand

bis c dargestellt sind. Die erste Form ist diejenige, die heute überwiegend angewendet wird. Die Rohre werden dabei nicht nur unmittelbar auf der Vorderseite, sondern durch Mauerwerkstrahlung auch auf der Rückseite beheizt. Die zweite Bauart zeigt die sogenannten Flügelrohre (englisch: fin tubes), die eine vollständig geschlossene Wand herzustellen gestatten. An das Kühlrohr sind seitlich die sogenannten Flügel — oder seltener Flossen (= wörtliche Übersetzung von fin) genannt — angeschweißt. Die auf die Flügel durch Strahlung übertragene Wärme wird durch Leitung an das Rohr weitergegeben, wofür eine gute und reichliche Schweißverbindung Voraussetzung ist. Ferner dürfen die Flossen nicht in ganzer Länge durchgehen, sondern müssen zwecks Vermeidung von Wärmespannungen beim Schweißen und im Betrieb in kurzen

Abständen unterbrochen sein. Die Ausführung ist heute praktisch verlassen.

Auch eine dritte Ausführungsform, die nach ihrem Erfinder *Bailey*-Wand genannt wird, wird heute nicht mehr viel angewendet, Abb. 28c. Voraussetzung für die gute Wirkung ist, daß die quadratischen Baileyplatten einwandfrei dicht auf den Rohren aufliegen. Trotz sorgfältiger Herstellung aller Teile ist das jedoch nur mit Verwendung eines metallischen Kittes möglich, der den guten Wärmeübergang zwischen Platte und Rohr gewährleistet. Die gußeisernen *Bailey*platten werden in den verschiedensten Kombinationen mit anderen Stoffen (z. B. Schamotte, Carborundum oder auch ohne eine Auflage) verwendet, je nachdem, welche Wärmeübergangs- und Temperaturbedingungen erreicht werden sollen.

Heute wendet man diese und ähnliche Rohrverkleidungen nur noch selten und in solchen Zonen der Feuerraumheizfläche an, in denen eine besonders hohe Wandtemperatur erreicht (z. B. Zündgürtel bei Staubfeuerungen) oder die Wärmeaufnahme verringert werden soll. Die Regel ist das glatte Rohr in enger Teilung, Abb. 29. In USA und in Europa haben sich in der jüngsten Zeit auch die sog. „Zapfenrohre" oder „Stiftrohre" (stud tubes) eingeführt, bei denen auf die Rohroberfläche viele radiale Zapfen stumpf aufgeschweißt sind. Die sehr eng stehenden Zapfen sind etwa 30 mm lang und eignen sich sehr gut als Haltemöglichkeit für eine feuerfeste Rohrverkleidung, wie sie z. B. bei Schmelzkammerkesseln (Kessel mit flüssigem Schlackenabzug) erforderlich ist.

Zur Vergrößerung der Feuerraumheizfläche bestehender Kessel verwendet man gerne Gabelrohre, bei denen sich das Rohr nach einem kurzen Einwalzstutzen in zwei oder drei Einzelrohre gabelt. Die Anzahl der Walzlöcher braucht hierbei also nicht vergrößert zu werden.

Der Begriff des Hochdruckdampfes begann kurz nach dem ersten Weltkriege feste Formen anzunehmen. Die

Abb. 29. Blick in den Feuerraum eines in Montage befindlichen Strahlungskessels

ersten Anregungen gingen von Baurat Dr.-Ing. e. h. Wilhelm *Schmidt* aus, dessen Forschungsergebnisse auf der VDI-Tagung in Kassel 1921 veröffentlicht wurden.

Im Januar 1924 konnte *Klingenberg* als Ergebnis der vom VDI einberufenen Hochdrucktagung, an der etwa 2000 Ingenieure teilnahmen, feststellen, daß Drücke von etwa 30 bis 40 at als erste Stufe der Weiterentwicklung anzusehen wären. Man war sich damals bereits darüber klar, daß diese Entwicklung nur möglich war, wenn die entsprechenden Werkstoffe zur Verfügung gestellt und gute Verarbeitungsverfahren durchgebildet wurden. Was die Werkstoffkunde in der verflossenen Zeit geschaffen hat, läßt sich am besten daraus ermessen, daß heute eine Unzahl legierter und unlegierter Kesselwerkstoffe zur Verfügung steht und ständig neue Werkstoffe mit neuen Eigenschaften geschaffen werden, während die Kesselgesetze früher nur vier Werkstoffe, nämlich F I bis F IV, zuließen. Die Bedeutung des Hochdruckbetriebes geht deutlich daraus hervor, daß Mitte 1945 allein in Deutschland 450 Hochdruckkessel von 80 atü und darüber mit einer gesamten Dampfleistung von rd. 40000 t/h in Betrieb und in Bau waren[1]).

In der Anfangszeit des Hochdruckbetriebes gab es zwei verschiedene Grundansichten über die Gestaltung der zugehörigen Dampfkessel. Die eine Richtung, in USA ausschließlich und in Deutschland stark vertreten, war der Meinung, Hochdruckkessel brauchten sich nur in Material und Bemessung, nicht aber in Form und Gestaltung vom Normalkessel zu unterscheiden. Die andere Richtung, die ihre Vertreter nur in Mitteleuropa hatte, glaubte, für den Betrieb mit hohem Druck seien nur vom Herkömmlichen abweichende Sonderkonstruktionen geeignet. Beide Richtungen haben sich im Prinzip bis heute behauptet, wobei die Vertreter der Nor-

---

[1]) *K. Heinrich*, Entwicklungstendenzen im Bau und Betrieb von Dampferzeugern. BWK Bd. 1 (1949) S. 61. Entwicklungslinien im Kessel- und Feuerungsbau. Mitt. Nr. 5 der VGB, Düsseldorf 1949, Verlag Stahleisen.

malbauart allerdings doch zu besonderen Gestaltungsmerkmalen kamen, während die Sonderbauarten nach anfänglicher Vielzahl auf wenige bewährte Systeme zusammenschrumpften, die jedoch in großer Zahl gebaut wurden. Unter den auf S. 61 erwähnten 450 deutschen Hochdruckkesseln waren 64% in Normalbauart, 36% als Sonderkessel ausgeführt.

Dem heutigen Hochdruckkessel ist äußerlich nur noch schwer anzumerken, ob es sich um eine Normalbauart oder einen Sonderkessel handelt. Kennzeichnend für alle Hochdruckkessel sind

das gleichzeitige Auftreten von hohem Druck und hoher Temperatur, auch in solchen Teilen, die nur Sattdampf führen (vgl. Dampfspannungs-Temperaturkurve für Wasserdampf, Bd. I);

die hohen Anforderungen, die an das Speisewasser gestellt werden müssen und in denen Sonderbauarten und Normalbauarten sich nicht bedeutend unterscheiden;

die Verlagerung wesentlicher Anteile der Wärmeübertragung auf große Nachheizflächen, die auch bei den Normalbauarten im Zwangdurchlauf durchströmt werden (Wasservorwärmer mit und ohne Teilverdampfung, Luftvorwärmer);

die Anwendung völlig gekühlter Feuerräume zwecks intensiver Ausnutzung der teuren Hochdruckheizflächen durch Strahlungswärmeübertragung bei gleichzeitigem Schutz des Mauerwerks (vgl. z. B. Abb. 29).

Die Sonderbauarten entstanden vor allem unter dem Gesichtspunkt, die bei Hochdruck infolge der geringen Gewichtsunterschiede zwischen Wasser und Dampf abnehmende Umlaufkraft durch künstliche Mittel zu ersetzen; viele derartige Konstruktionen sind daher Zwanglaufkessel. Unter ihnen unterscheidet man solche mit Wasserumlauf durch Pumpe unter Beibehaltung der Kesseltrommel als Trennorgan zwischen Dampf und Wasser (*La Mont*, *Velox*), solche mit künstlichem Dampfumlauf (*Löffler*) und solche ohne Trommel mit einmaligem Wasserdurchlauf (*Benson*, *Sulzer*). Außerdem gibt es Kessel mit indirekter Beheizung, die aus Furcht vor Kesselstein entwickelt wurden (*Schmidt-Hartmann*) und eine Reihe inzwischen verschwundener Arten mit zu einseitiger Betonung bestimmter Vorstellungen (z. B. *Atmos*). Die heute noch üblichen Sonderkessel stellen bewährte Bauformen dar. Sie können sich ein besonderes Anwendungsgebiet auf Fahrzeugen für Land und Wasser schaffen, da sie eher in Leichtbauweise, d. h. mit geringem Leistungsgewicht und niedrigem Raumbedarf, und in Anpassung an räumliche Verhältnisse ausgeführt werden können als Normalkessel.

Ehe auf die Gestaltung der einzelnen Bauarten näher eingegangen wird, soll an einem Rechnungsbeispiel die wirtschaftliche Bedeutung des Hochdruckdampfes näher beleuchtet werden:

In einem größeren Elektrizitätswerk, das eine Jahreserzeugung von 100 Mio kWh hat, ist die ältere Kraftanlage von 14 at 325° durch eine Mitteldruckanlage von 35 at 425° ersetzt worden. Aus den Aufschreibungen kann festgestellt werden, daß die alte Anlage mit einem thermischen Wirkungsgrad von 12% gearbeitet hat. Für die 35 at-Anlage ist dagegen ein thermischer Wirkungsgrad von 20% festgestellt worden. Eine neue Parallelanlage gleicher Jahresarbeit ist dagegen für 125 at 500° C ausgelegt und erreicht mit Zwischenüberhitzung 28,5% thermischen Wirkungsgrad. Als Brennstoff dient in allen Fällen eine Feinkohle von $H_u = 6700$ kcal/kg, die frei Werk 39.— DM/t kostet. Welche Brennstoffersparnisse entstehen durch Mittel- und Hochdruck gegenüber der alten Niederdruckanlage?

(Siehe nachstehende Tabelle, S. 64).

Außer der Brennstoffersparnis bietet der Übergang zu hohen Betriebsdrücken u. a. noch folgende weiteren Vorteile:

a) Die Kesselanlage wird kleiner, da man mit einer geringeren Dampfmenge nur durch Steigerung von Druck und Temperatur die gleiche elektrische Leistung erzielt.

b) Die Feuerungsanlage wird kleiner, da nur noch ein Bruchteil der vorher erforderlichen Brennstoffmenge verfeuert zu werden braucht.
c) Die für die Förderung des Brennstoffes notwendigen Förderanlagen werden kleiner.
d) Auch Rohrleitungen, Grund und Boden, Gebäude usw. bekommen kleinere Abmessungen.
e) Der Kühlwasserbedarf für die Kondensation verringert sich.

Hochdruckanlagen sind daher trotz höherer Anlagekosten im allgemeinen wirtschaftlicher als solche niedrigen Druckes.

	Niederdruck-anlage 14 at 325° C	Mitteldruck-anlage 35 at 425° C	Hochdruck-anlage 125 at 500° C
therm. Wirkungsgrad η_{th} %	12,0	20,0	28,5
spez. Wärmeverbrauch $= \frac{860}{\eta_{th}}$ kcal/kWh	7180	4300	3020
spez. Brennstoffverbrauch kg/kWh	1,07	0,64	0,45
Brennstoffersparnis gegenüber 14 at-Anlage kg/kWh	—	0,43	0,62
jährl. Brennstoffersparnis bei $100 \cdot 10^6$ kWh/J t/J	—	43000	62000
desgl. in Geld DM/J	—	1677000.—	2418000.—
Brennstoffersparnis der 125 at-Anlage gegenüber 35 at kg/kWh	—	—	0,19
jährl. Brennstoffersparnis t/J	—	—	19000
desgl. in Geld DM/J	—	—	741000.—

e) Zwangumlaufkessel

Unter Zwangumlaufkesseln versteht man solche Kessel, bei denen der Wasserumlauf nicht selbsttätig durch den Unterschied der spezifischen Gewichte in den Fall- und Steigrohren herbeigeführt wird, sondern zwangsläufig durch eine zusätzlich eingebaute Umwälzpumpe. Dadurch wird eine Reihe von Vorteilen erreicht:

a) Es können hohe Wassergeschwindigkeiten erzielt werden.
b) Eine gute Abspülung aller entstehenden Dampfblasen und eine gute Innenwandkühlung werden erreicht.
c) Die Anwendung langer und enger Rohre von 12 bis 40 mm lichtem Durchmesser und
d) eine beliebige Formgebung der Rohre sind möglich.
e) Für die Gestaltung des Feuerraumes sind daher kesseltechnische Belange nicht mehr bestimmend.

Im übrigen werden Zwangumlaufkessel wie normale Trommelkessel betrieben. Der Wasserstand wird konstant eingestellt. Die Kessel können ferner regelmäßig abgeschlämmt und auf einem bestimmten Salzgehalt gehalten werden.

Beim *La Mont*-Kessel fließt der Umwälzpumpe das Wasser aus der Kesseltrommel zu. Sie drückt es im Zwanglauf durch die Rohre zur Obertrommel, wo die Trennung des entstandenen Dampfes vom Wasser stattfindet. Kennzeichnend und wichtig für das *La Mont*-Verfahren ist die Verteilung des Wassers auf die Kesselrohre. Da nicht alle Rohre gleichmäßig stark beheizt sind, würde ohne besondere Maßnahmen das eine Rohr im Verhältnis zu seiner Dampferzeugung zu wenig, das andere zu viel Wasser erhalten. Daher werden besondere Verteiler vorgesehen, denen das Wasser durch die Umwälzpumpe mit einem geringen Überdruck gegenüber dem im Kessel herrschenden Druck zugeführt wird. Diese Verteiler enthalten Düsen von verschiedenem, aber so abgestimmtem Querschnitt, daß jedes Rohr nur diejenige Wassermenge erhält, die seiner Wärmeaufnahme entspricht. Die einzelnen Verteilerdüsen sind für sich zugänglich und können evtl. gegen andere Größen ausgewechselt oder darauf geprüft werden, daß sie nicht verstopft sind und zuverlässig arbeiten.

Die umgewälzte Wassermenge beträgt etwa das 8—10fache der Verdampfung. Der Kraftbedarf für die Pumpe ist gering. Der Kessel kann für niedrige und hohe Drücke gebaut werden. Es ist ferner möglich, in bestehenden Anlagen zusätzlich *La Mont*-Heizflächen einzubauen. Die Speisewasservorwärmung und die Dampfüberhitzung erfolgen in den üblichen Einrich-

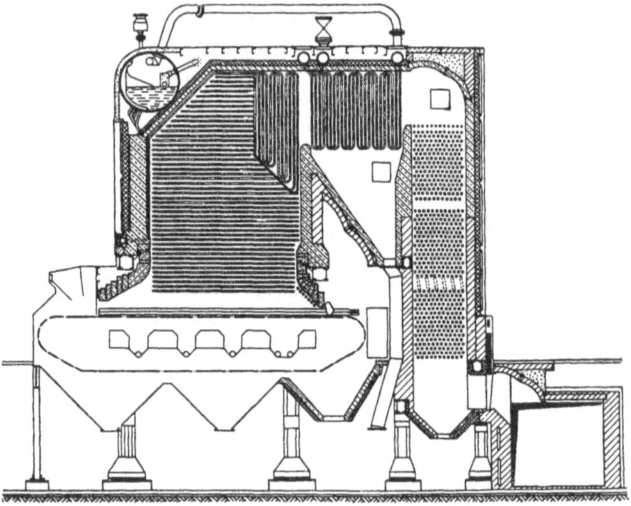

Abb. 30. *La Mont*-Kessel mit hängendem zweiteiligen Überhitzer und Stahlrohr-Speisewasservorwärmer sowie Zonenwanderrost

tungen. Andere Zwangumlaufkessel (z. B. *Babcock*) verzichten auf die zwangläufige Verteilung durch Düsen und treffen andere konstruktive Maßnahmen zur richtigen Wasserverteilung:

Abb. 30 zeigt einen *La Mont*-Kessel mit Wanderrostfeuerung. 1950 waren über 2000 *La Mont*-Kessel und -Zusatzheizflächen in Betrieb.

Der *BBC-Velox*dampferzeuger ist seiner kesseltechnischen Gestaltung nach ebenfalls ein Zwangumlaufkessel.

Sein besonderes Gepräge erhält er jedoch dadurch, daß er eine Druckfeuerung für Gas oder Öl besitzt. Der Verbrennungsvorgang wird in dem druckdicht hergestellten Feuerraum, dessen Wände gleichzeitig Kesselteile sind, nicht wie bei normalen Feuerungen unter Atmosphärendruck, sondern bei 1 bis 3 at Überdruck durchgeführt. Dadurch ist es möglich, sehr hohe Gasgeschwindigkeiten von 200 m/s und mehr zu erreichen, wodurch sich wiederum ungewöhnlich hohe Wärmeübergangswerte durch Berührung ergeben. Die je m^2 Kesselheizfläche und Stunde verdampfte Wassermenge beträgt etwa 500 kg. Dadurch werden nicht nur die Heizflächen klein, sondern bei den hohen Gasgeschwindigkeiten ergeben sich auch sehr kleine Abmessungen für die Brennkammer und für die Gasquerschnitte. Der Kessel hat sehr hohe Raumwärmeleistung und kleines Leistungsgewicht. Die Aufladung der Brennkammer ist wirtschaftlich nur dadurch möglich, daß eine Abgasturbine zwischen Überhitzer und Eko eingeschaltet ist, die den Turbokompressor für die Druckerhöhung der Verbrennungsluft sowie die sonstigen Hilfsmaschinen antreibt. Wollte man die Gebläse auf die übliche Weise, z. B. durch Dampf, antreiben, dann wäre mindestens $^1/_4$ bis $^1/_3$ der gesamten Kesselleistung erforderlich. Die Trennung des Dampfes von der umgewälzten Wassermenge erfolgt in einem Fliehkraftabscheider, um das Mitreißen von Wasser sicher zu vermeiden. Infolge des sehr geringen Wasserinhaltes ist eine schnelle Inbetriebnahme möglich. Die Regelung erfolgt selbsttätig. Der Kessel kann für alle Drücke gebaut werden. In dem *Velox*dampferzeuger sehen wir den Kesseltyp, der bisher weitaus am stärksten zur Maschine entwickelt worden ist. Er ist zugleich eine wichtige Übergangsstufe in der Entwicklung der modernen Gasturbine, die ohne Dampf und nur aus heißen Brenngasen oder Luft mechanische Energie erzeugt[1]). *Velox*-

---

[1]) *K. Leist*, Ausführungsformen von Gasturbinen. Z. VDI Bd. 92 (1950) S. 429. Dort auch weitere Schrifttumshinweise.

kessel wurden bisher nur für Gas- und Ölfeuerung gebaut, da bei den hohen Gasgeschwindigkeiten die Brenngase fester Brennstoffe wegen der in ihnen stets enthaltenen Staubteilchen zu schnellem Verschleiß der Gasturbine führen würden.

Auch der *Löffler*-Kessel ist ein Zwangumlaufkessel, bei dem allerdings nicht Wasser, sondern Dampf umgewälzt wird. Das durch die Feuergase beheizte Kesselsystem weist nur Überhitzerheizflächen auf. Die eigentliche Dampferzeugung findet nicht innerhalb der rauchgasbeheizten Teile statt, sondern außerhalb in einer besonderen Verdampfertrommel, und zwar durch den überhitzten Dampf als Wärmeträger. Dieser gibt seine Überhitzungswärme an das Wasser der Trommel ab, so daß sich nachher nur noch Sattdampf darin befindet; bei den üblichen Drücken und Temperaturen entstehen aus 2 kg überhitztem Dampf etwa 3 kg Sattdampf. Dieser wird durch die Dampfumwälzpumpe, die ein besonderes Merkmal des *Löffler*kessels ist, aus der Trommel abgesaugt und durch den Kessel gedrückt, der — wie gesagt — also kein Kessel im üblichen Sinne des Wortes, sondern nur ein Überhitzer ist. Von hier aus wird $^1/_3$ des Dampfes zur Verbrauchsstelle abgezweigt, während die restlichen $^2/_3$ als Umwälzdampf wieder zur Verdampfertrommel gelangen und neuen Sattdampf erzeugen bzw. den Kreislauf von neuem aufnehmen. Als Nachschaltheizfläche sind Ekonomiser und gegebenenfalls Luftvorwärmer hinter den Überhitzerflächen angeordnet. Der Eko soll das Speisewasser möglichst weit vorwärmen, damit der Umwälzdampf in der Verdampfertrommel nicht noch Flüssigkeitswärme an das Wasser abzugeben braucht. Daher ist ein Verdampfungsekonomiser zweckmäßig.

Der *Löffler*kessel wird heute nicht mehr gebaut, ist aber an mehreren Stellen in jahrelang bewährten Betrieb. Sein Hauptvorteil, die Überhitzungstemperatur gut zu beherrschen, wird heute durch die Temperaturregelanlagen anderer Kessel ebenfalls erreicht. Er ist zugleich ein ausgesprochener Hochdruckkessel, da unterhalb etwa 100 at die Dampfvolumen zu groß werden und der Kraftbedarf für die Umwälzpumpe wirtschaftlich nicht mehr tragbar ist. Ferner ist die Kühlung der hochbeheizten Rohrschlangen umso besser, je höher der Druck des Dampfes ist (Prof. *Löffler* sprach von „dickem“ Dampf).

f) Zwangdurchlaufkessel

Zwangdurchlaufkessel sind dadurch gekennzeichnet, daß dem Kessel nur genau so viel Wasser zugeführt wird als gerade verdampft. Eine besondere Umwälzpumpe ist daher nicht erforderlich. Die Verdampfung geschieht in einem einzigen Durchlauf des Wassers, ohne daß eine Trommel zur Trennung von Dampf und Wasser eingeschaltet ist, mit sofort anschließender Überhitzung und Kraftschluß zwischen Kesselein- und -austritt. Zwangdurchlaufkessel benötigen daher erstklassiges Speisewasser, denn nach dem Verdampfen des letzten Wasserteilchens bleiben die vorher gelösten Bestandteile übrig und setzen sich in den Verdampferrohren ab. Um ein Festbrennen dieser Teile zu vermeiden, verlegt man die Zone der letzten Verdampfung (Übergangsteil) in ein Gebiet mäßiger Rauchgastemperaturen und gestaltet sie so, daß sie, z. B. durch Umschaltung, von Zeit zu Zeit ausgespült und gereinigt werden kann.

Der *Benson*kessel arbeitete ursprünglich nur mit dem kritischen Druck (225 at), da der Erfinder von dem Gedanken ausging, daß eine trommellose Bauart nur dann möglich sei, wenn das Volumen des Wassers und Dampfes das gleiche ist. Das ist aber nur beim kritischen Druck (225 at 374° C) der Fall. Der bei 225 at erzeugte und etwas überhitzte Dampf wurde auf die Gebrauchsspannung gedrosselt und dann weiter überhitzt. Der hohe Betriebsdruck, den man nachher gar nicht ausnutzen konnte, bedingte nicht nur eine besonders kräftige Durchbildung aller Kesselteile, sondern machte auch eine Speisepumpe mit hohem Kraftbedarf erforderlich.

Bei späteren Versuchen stellte man fest, daß der trommellose Zwangdurchlaufkessel ohne weiteres bei unterkritischen Drücken bis herab zu 30 at betrieben werden kann. Durch die Möglichkeit, auch mit niedrigeren Drücken als 225 at arbeiten zu können, kommen die oben geschilderten Nachteile des ursprünglichen *Benson*kessels in Fortfall. Der jetzige Kessel dieser Bauart ist ein reiner Röhrenkessel, bei dem zahlreiche Rohrpakete parallel bzw. hintereinander geschaltet sind. Wesentlich ist die Abstimmung der Strömungswiderstände aller Parallelstränge, um gleichmäßige Mengenverteilung zu erreichen. An geeigneten Punkten des Strömungsweges werden Mischstellen eingeschaltet, an denen eine Zusammenfassung und Durchmischung des Inhaltes aller Parallelstränge und eine Neuaufteilung des Dampf-Wassergemisches erfolgen. Um die Entwicklung dieser Ausführung des *Benson*kessels haben sich besonders *Gleichmann* und die *Siemens-Schuckert*werke verdient gemacht. Abb. 31 zeigt einen großen *Benson*-Zwangdurchlaufkessel in Einzugbauart.

Eine besondere Möglichkeit des Zwangdurchlaufkessels ist der Betrieb mit konstantem Dampfvolumen und schwankendem Druck („Gleitdruckbetrieb"), der von *Gleichmann* vorgeschlagen wurde[1]).

Der *Benson*kessel war Ende 1949 in über 100 Ausführungen in Bau und Betrieb. Ähnlich gestaltet ist der *Sulzer*-Kessel, der ebenfalls ein trommelloser Rohrverdampfer ist. In seinen durchgehenden Rohren von ungewöhnlicher Länge finden hintereinander Vorwärmung, Verdampfung und Überhitzung statt. An einzelnen Stellen sind Stahlflaschen mit Abschlämmung zum Entsalzen des Rohrsystemes eingeschaltet. Die Regelung ist selbsttätig und hinsichtlich Speisung, Brennstoffzufuhr und Überhitzung besonders sorgfältig durchgebildet.

---

[1]) *K. Beck*, Eignung von Dampfkesselbauarten für Gleitdruckbetrieb Wärme 63. Jg. (1940) S. 103

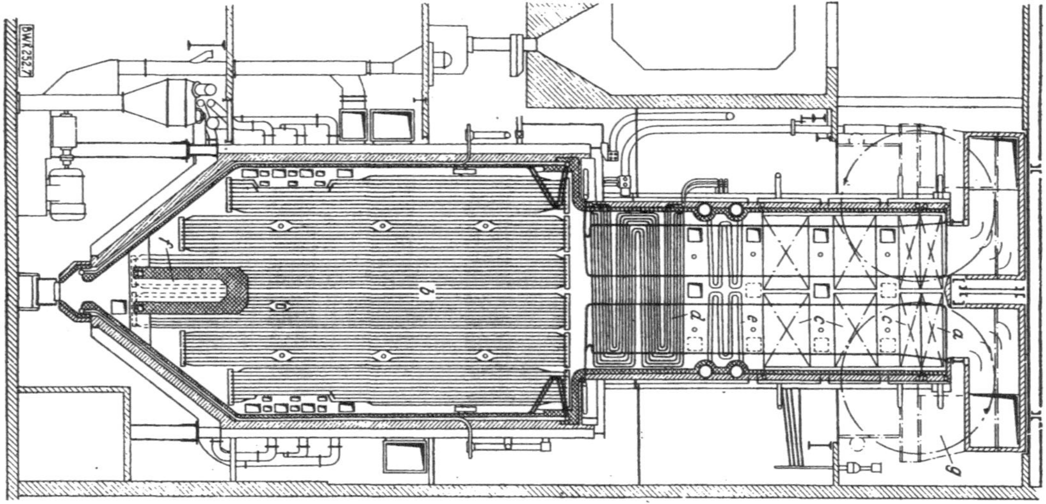

Abb. 31 *Benson*-Großkessel in Einzug-Bauart, mit Kohlenstaubfeuerung, mit Schottenüberhitzer und Rauchgas-Zwischenüberhitzer. Dampfleistung 160 t/h von 135 atü 500° C

a Speisewasservorwärmer b Strahlteil c Übergangsteil d Schottenüberhitzer e Zwischenüberhizter f Schamottekörper als Zündhilfe g *Ljungström*-Luftvorwärmer

Auch *Benson*kessel werden meistens mit selbsttätigen Regeleinrichtungen ausgerüstet.

Der *Doble*-Kessel, ebenfalls ein reiner Röhrenkessel mit einmaligem Durchlauf, ist bisher nur für Dampfwagen (Triebwagen und Autos) verwendet worden, da er sich besonders gewichtsarm ausführen läßt. Der erste reine Röhrenkessel wurde von dem Pionier der Luftfahrt *Lilienthal* erfunden.

g) Kessel mit indirekter Beheizung

Der Hauptvertreter dieses Systems ist der *Schmidt-Hartmann*-Kessel. Er ist dadurch gekennzeichnet, daß die von der Feuerung erzeugte Wärme nicht unmittelbar an das Speisewasser, sondern an einen besonderen Vorkreislauf abgegeben wird. Dieser Erstkreislauf ist ein in sich geschlossener selbständiger Kessel, der einmalig mit hochwertigem stein- und gasfreiem Wasser gefüllt wird, so daß darin Störungen durch Kesselsteinablagerungen niemals auftreten können. Der im Vorkreislauf erzeugte Dampf gibt seine Verdampfungswärme in einer besonderen Verdampferrohrschlange, die in die Obertrommel eingebaut ist, an das eigentliche Speisewasser ab, das also mit den hocherhitzten Feuergasen nicht in Berührung kommt.

Voraussetzung für den Betrieb des Kessels ist, daß der Kesseldruck im Erstkreislauf höher ist als im Verdampfer, damit das zur Wärmeübertragung erforderliche Temperaturgefälle vorhanden ist. Je nach der Belastung des Kessels und der evtl. Verschmutzung der Verdampferschlange durch die Ablagerungen des Speisewassers ist dieser Druckunterschied verschieden groß. Da ein Festbrennen der Ablagerungen nicht stattfindet, da sie ja nicht den heißen Feuergasen ausgesetzt sind, lassen sie sich leicht wieder abspritzen. Der Kessel ist hinsichtlich des Speisewassers etwas weniger empfindlich.

Der Vorkreislauf arbeitet mit natürlichem Wasserumlauf, der durch die richtige Bemessung der Querschnitte der Steigrohre und durch vollständiges Kaltlegen der Fallrohre einwandfrei arbeitet. Sollten infolge von Undichtigkeiten geringe Wasserverluste im Erstkreislauf auftreten, so können sie während des Betriebes durch eine sehr kleine Speisepumpe ersetzt werden. Der Kessel kann für beliebige Betriebsdrücke gebaut werden und wurde häufig ausgeführt, besonders im Anfang der Hochdruckentwicklung, als man hinsichtlich der Speisewasserbehandlung noch nicht ganz sicher war.

Der der Obertrommel entströmende Sekundärdampf wird in der üblichen Weise überhitzt und dann zur Kraftmaschine geleitet.

C. Überhitzer

1. Allgemeines

Der Überhitzer hat die Aufgabe, dem Dampf, ohne daß eine Steigerung des Druckes stattfindet, eine höhere Temperatur zu geben. Von dem Vorteil der Dampfüberhitzung kann man sich leicht an Hand des i,s-Diagrammes (vgl. Bd. I) überzeugen. Der Wärmeinhalt des Dampfes wird vergrößert und das mögliche Gefälle in der Dampfkraftmaschine erhöht, so daß der thermische Wirkungsgrad steigt. Ferner wird der immer etwas feuchte Dampf des Kessels (vgl. Abschnitt A 5, S. 19) getrocknet und erreicht, daß die bei der Expansion in der Turbine entstehende Dampfnässe in geringen Grenzen bleibt, so daß die im Niederdruckteil auftretenden Anfressungen (Erosionen) ein erträgliches Maß behalten.

Die Überhitzungstemperaturen sind heute genormt (vgl. Abschnitt A 3, S. 11). Sie beginnen mit 150° und springen um je 25°. Je höher der Kesseldruck ist, desto höher muß die Dampftemperatur werden, wie ein Blick auf das i, s-Diagramm zeigt. In runden Zahlen kann man die heute üblichen Überhitzungstemperaturen etwa wie folgt angeben:

Dampfdruck atü	Überhitzungs-temperatur °C
10 . . . 20	350 . . . 400
30 . . . 60	400 . . . 475
80 . . . 160	475 . . . 525

Dampftemperaturen von 500° C sind in großen Anlagen hohen Druckes heute die Regel. Die Entwicklung ist zur Zeit im Begriff, auch das Temperaturgebiet bis 600° C dem praktischen Betrieb zu erobern.

Man muß sich darüber klar sein, daß gewöhnliche Flußstähle bereits bei Temperaturen von 400 bis 450° C nur noch geringe Festigkeit haben und unter Korrosionsangriffen leiden. Sie verzundern von außen und werden von innen durch Wasser und Dampf angegriffen. Bei den höheren Temperaturen können daher nur Sonderwerkstoffe angewendet werden; dies sind heute vorwiegend die Chrom-Molybdän- und Chrom-Nickel-Stähle, die gute Dauerstandfestigkeit und hohe Zunderungsbeständigkeit aufweisen. Während Temperaturen bis 500° C mit niedrig- bis mittellegierten Stählen beherrschbar sind, erfordern höhere Überhitzungen grundsätzlich hochlegierte austenitische Stähle. Sie werden selbstverständlich nur im obersten Temperaturbereich angewandt, da sie sehr teuer und schwer zu verarbeiten sind. Ihre Beurteilung kann nicht mehr nach der Dauerstandfestigkeit (DIN-Vornorm A 117—118) erfolgen, sondern nur nach Langzeitversuchen sehr großer Zeitdauer[1]).

Grundsätzlich ist es zweckmäßig, eine kleine Überschlagsrechnung über die Außenwandtemperatur (vgl. Bd. I) anzustellen, die bei hochbelasteten Überhitzerrohren bis zu 100° über der Dampftemperatur liegen kann. Je besser die Wärmeübergangszahl des Dampfes α_1 ist, desto niedriger ist die äußere Rohrwandtemperatur, desto höher kann man mit

[1]) *G. Bandel* und *H. J. Wiester*, Das Verhalten der Werkstoffe bei Heißdampftemperaturen bis 600° C. BWK Bd. 1 (1949) S. 203.

der Überhitzung gehen. Da α_1 mit höherem Dampfdruck und steigender Geschwindigkeit zunimmt, kann man bei hohem Druck auch höhere Temperaturen zulassen. Ferner steigert man die Dampfgeschwindigkeit, auch wenn es auf Kosten eines höheren Druckverlustes geschieht.

Auch die Beaufschlagung der einzelnen Rohre eines Überhitzers soll möglichst gleichmäßig sein, um ungleichmäßige Temperaturbedingungen im gesamten Überhitzer zu vermeiden.

Im allgemeinen rechnet man in Dampfüberhitzern mit Geschwindigkeiten von $12 \div 20$ m/s. Dabei soll der Druckabfall etwa 5% des Nenndruckes nicht überschreiten.

Die Heizflächen der Überhitzer schwanken je nach ihrer Lage im Kessel und nach der Höhe der Überhitzungstemperatur sowie der Kesselbauart etwa zwischen 20 bis 50% der Kesselheizfläche. Im Durchschnitt wird man bei den älteren Kesselbauarten mit $^1/_3$ zu rechnen haben. Bei Strahlungskesseln ist die richtige Überhitzerbemessung besonders schwierig, da die Gastemperatur vor Überhitzer nicht nur von der Brennkammer-Heizfläche, sondern auch von ihrer Verschmutzung, dem Schwärzegrad der Flamme und der Flammenform und -Lage abhängig ist. Man hilft sich durch reichliche Überhitzerbemessung und Unterteilung in mehrere Heizflächenabschnitte, zwischen die ein Heißdampfkühler geschaltet ist.

2. Berührungs- und Strahlungsüberhitzer

Man unterscheidet nach der Art des Einbaues in den Kessel Berührungs- und Strahlungsüberhitzer. Berührungsüberhitzer sind solche, bei denen die Wärmeübertragung ganz oder vorwiegend durch Berührung erfolgt. Die Kesselheizfläche, die dem Überhitzer vorgeschaltet ist, beträgt etwa $20 \div 50\%$ und heißt Vorheizfläche.

Strahlungsüberhitzer sind im Feuerraum eingebaut oder ihm unmittelbar nachgeschaltet. Sie erhalten ihre Wärme durch Strahlung. Eine besondere Ausführungsform des Strahlungsüberhitzers ist der Schottenüberhitzer, Abb. 32, der gastemperaturmäßig im Strahlungsbereich liegt und sich durch äußerst weite, wenig verschmutzungsgefährdete Rohrteilung auszeichnet.

Die Charakteristiken des Strahlungs- und des Berührungsüberhitzers, d. h. der Verlauf der Überhitzungstemperatur in Abhängigkeit von der Kesselbelastung, sind genau entgegengesetzt. Beim Berührungsüberhitzer steigt die Temperatur mit wachsender Kesselbelastung an. Das ist manchmal nicht unerheblich und kann zwischen $^1/_4$- und $^1/_1$-Last 40 bis 60° C und mehr betragen. In Elektrizitätswerken, die oft mit hohen Dampftemperaturen arbeiten, können solche Steigerungen bei vorübergehender Überlastung Überhitzer und Turbine gefährden. Anderseits arbeitet das Werk bei Schwachlast mit niedrigen Dampftemperaturen und erleidet dabei eine fühlbare Einbuße an Wirtschaftlichkeit. Daher ist die Frage der Regelung der Überhitzungstemperatur im Kesselbetriebe besonders wichtig.

Bei Strahlungsüberhitzern fällt die Dampftemperatur mit steigender Belastung. Durch richtige Unterteilung der Überhitzeranlage in einen Berührungs- und einen Strahlungsteil und Hintereinanderschaltung derselben kann über einen großen Lastbereich eine sehr gute Konstanz der Dampftemperatur erreicht werden.

Bei neuzeitlichen Überhitzern versucht man häufig, diese Konstanz zu einem Teil dadurch zu erreichen, daß man sie in das Gebiet hoher Rauchgastemperaturen legt, um einen gewissen Anteil an Wärmeübertragung durch Strahlung zu haben.

3. Zwischenüberhitzung

Unter Zwischenüberhitzung versteht man die nochmalige Überhitzung des auf eine Mittelstufe entspannten Hochdruckdampfes (auf rd. $^1/_4$ bis $^1/_5$ des Kesseldruckes). Beim rauchgasbeheizten Zwischenüberhitzer[1]) läßt sich jede beliebige Dampftemperatur erzielen, während der dampfbeheizte Zwischenüberhitzer in dieser Hinsicht begrenzt ist. Daher findet der erstere vorwiegend Verwendung, obgleich man recht erhebliche Rohrleitungsanlagen (von der Zwischenstufe der Turbine zur Kesselanlage und wieder zurück) mit in Kauf nehmen muß. Dieser Nachteil kann aber bei geschickter Gesamtplanung einer Kraftanlage stark verringert und bei der häufig ausgeführten Blockbauweise mit einem oder zwei Kesseln je Turbine (Vorschaltturbine) ganz unbedeutend gemacht werden.

Bei den Zwischenüberhitzern strebt man Zwischendampftemperaturen von gleicher Höhe wie die Frischdampftemperatur an (500—600° C).

Die in Abb. 27 und 31 dargestellten Kessel sind mit Rauchgas-Zwischenüberhitzern ausgerüstet.

4. Überhitzergestaltung

Die Überhitzer bestehen aus einem System von nahtlos gezogenen Rohren, die innen vom Dampf durchströmt und außen beheizt werden. Die einzelnen Rohre mit etwa 25 bis 40 mm ∅ sind schlangenförmig gebogen und haben oft große Längen, die man durch Zusammenschweißen erreicht. Dabei ist darauf zu achten, daß die Schweißbärte innen nicht vorstehen. Daher werden die Schlangen bei der Abnahme einer Durchkugelungsprobe unterzogen. Die Rohre sind in die nahtlos gezogenen Überhitzer-Sammelkästen eingewalzt oder eingeschweißt. Die Sammler sind bei niedrigen Drücken vierkantig, bei höheren rund. Gegenüber den Einwalzstellen befinden sich — wie bei den Kammern und Teilkammern — Öffnungen, die entweder durch Stopfen verschlossen

[1]) *K. Beck*, Rauchgas-Zwischenüberhitzung. Wärme Jg. 61 (1938) S. 765.

werden oder, zu vieren zusammengefaßt, einen Verschlußdeckel erhalten.

Man unterscheidet liegende und hängende Überhitzer. Die ersteren findet man vorwiegend bei den Schrägrohrkesseln (vgl. Abb. 21, 24, 25), wegen ihrer guten Entwässerbarkeit aber zunehmend auch bei anderen Bauarten (z. B. Abb. 26, 27, 31). Hängende Überhitzer werden vielfach bei Trommelkesseln angeordnet (z. B. Abb. 30), zuweilen auch bei Flammrohrkesseln (Abb. 15).

Die Rohrschlangen, die sich bei der Erwärmung im Betriebe leicht verziehen oder auch durch den Rauchgasstrom in Schwingungen versetzt werden können, so daß sie sich gegenseitig oder die Kesselrohre beschädigen, werden durch besondere Abstützungen und Zwischenstücke gehaltert und versteift. Vielfach wird diese Aufgabe auch von einem Teil der Überhitzerrohre selbst oder von dampfgekühlten Halterohren übernommen (vgl. Abb. 27, 31). Letztere dienen zugleich zur Aufhängung des Überhitzers. In anderen Fällen hängt man die Überhitzerrohre an Konstruktionen aus hochlegierten, hitzebeständigen Werkstoffen auf. Ihre Betriebssicherheit ist aber umso geringer, je höher die Gastemperaturen sind.

Bei der Konstruktion zu beachten ist die Möglichkeit, einzelne Überhitzerschlangen auswechseln oder durch Schweißung instandsetzen zu können, wenn Schäden aufgetreten sind oder die Heizfläche verändert werden soll. Auch das Kesselhaus muß hierfür genügend Platz bieten bzw. durch Herausnahme von Fenstern oder Mauerfüllungen dieser Notwendigkeit angepaßt werden können.

Zwecks Einsparung hochwertiger Rohrstähle unterteilt man den Überhitzer gern und führt nur den Hochtemperaturteil in Sonderstahl aus. Für das niedrige Temperaturgebiet wählt man niedrig oder nicht legierte Werkstoffe. Bei Temperaturen von wesentlich mehr als 500° C kommt sogar eine Dreiteilung in Frage. Die Unterteilung des Überhitzers ist

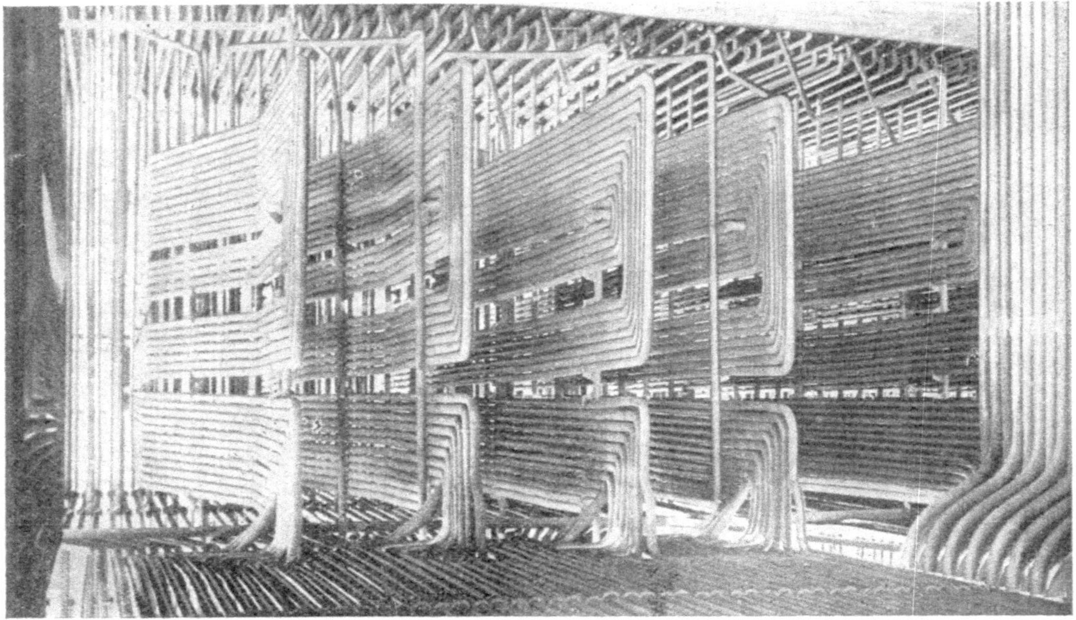

Abb. 32 Lichtbild eines Schottenüberhitzers, auf die Gas-Eintrittsseite gesehen

auch für die Anordnung der Überhitzerregelung zweckmäßig und daher bei Großkesseln die Regel.

Die heute geforderten hohen Heißdampftemperaturen sind die Ursache dafür, daß die Überhitzer, — mindestens mit ihrem Hochtemperaturteil —, immer näher an den Feuerraum gerückt sind. Sie liegen dort vielfach in einem Bereich so hoher Rauchgastemperaturen, daß die mitgeführten Flugascheteilchen noch teigig sind und zum Anbacken an der Heizfläche neigen[1]). Um ein Zusetzen zu vermeiden, führt man solche Überhitzer mit besonders großer Rohrteilung aus. Auch aus diesem Grund kam man zum Schottenüberhitzer, Abb. 32.

5. Regelung der Überhitzung

Wie in Abschn. C 1 gezeigt wurde, ist die Überhitzungstemperatur des Dampfes abhängig von der Art des Einbaues des Überhitzers und von der Kesselbelastung. Aber auch die Feuerführung spielt eine Rolle. Mit fallendem CO_2-Gehalt nimmt die Rauchgasmenge je kg Dampf zu und damit wird die Dampftemperatur höher. Daher kann bei der Vorausberechnung nur ein ganz bestimmter Fall zugrunde gelegt werden, der nachher im praktischen Betrieb nicht dauernd eintritt. Um nun zu hohe Dampftemperaturen zu verhindern, da sie Überhitzer und Turbine gefährden, und andererseits zu niedrige zu vermeiden, da sie eine Wirkungsgradeinbuße bedeuten, ist eine gute Regelung der Überhitzung von großer Wichtigkeit. Es sind die verschiedensten Wege eingeschlagen worden, um über den ganzen Belastungsbereich des Kessels eine gleichmäßige Überhitzungstemperatur zu erzielen. Aus der Fülle der Bauarten kann man folgende Systeme unterscheiden:

a) Ein bestimmter, einstellbarer Teil des Sattdampfes wird vor Eintritt in den Überhitzer abgezweigt und nachher

---

[1]) Fachheft rauchgasseitige Kesselfragen. BWK Bd. 3 (1951) Nr. 6

dem Heißdampf zugemischt. Der Nachteil besteht darin, daß die durch den Überhitzer hindurchgehende Dampfmenge verkleinert wird und dadurch sehr hohe Temperaturen bekommt. Die Kühlung ist daher schlecht und die Möglichkeit von Korrosionen gegeben. Diese Regelungsbauart, die früher sehr verbreitet war, ist nur bei niedrigen Überhitzungstemperaturen anwendbar.

b) Durch Anordnung von Regelklappen ist es möglich, einen bestimmten Teil der Rauchgase um den Überhitzer herumzuführen. Der Nachteil besteht darin, daß die Regelklappen nur bei niedrigen Rauchgastemperaturen betriebsfähig bleiben. Bei den für höhere Dampftemperaturen erforderlichen Gastemperaturen verbrennen oder verziehen sich die Klappen oder Schieber, so daß die beabsichtigte Regelungsmöglichkeit verhindert wird.

c) Ein Teil des bereits überhitzten Dampfes wird abgezweigt, durch einen Kühler geschickt, der im Wasserraum des Kessels (z. B. Obertrommel) untergebracht ist, und dann dem anderen Heißdampfteil wieder zugemischt. Der Regelbereich dieser Anordnung ist gering. Bei den früher niedrigen Dampftemperaturen wurde der Kühler hinter den gesamten Überhitzer geschaltet. Heute wird der Überhitzer geteilt und der Kühler zwischen Nieder- und Hochtemperaturteil gelegt.

d) Das Einspritzen von Wasser in den Dampf zum Zwecke der Temperaturregelung. Dieses System wird heute bei den hohen Drücken und Temperaturen bevorzugt. Grundsätzlich wird der Überhitzer geteilt und die Einspritzung hinter dem ersten Teil in den bereits vorüberhitzten Dampf vorgenommen. Dadurch wird eine bessere Verdampfung des eingespritzten Wassers erreicht und das Mitreißen von Tropfen in die Turbine verhindert; außerdem treten in keinem Teil des Überhitzers Übertemperaturen auf. Die Zwischeneinspritzung wird nämlich so eingestellt, daß der Endüberhitzer Dampf solcher Temperatur erhält, wie für richtige Heißdampftemperatur erforderlich ist.

Wichtigste Voraussetzung dieser Regelungsart ist die Verwendung von kesselstein- und salzfreiem Wasser. Es kommt daher nur Kondensat in Frage. Durch Einbau von Thermostaten, die die Einspritzwassermenge steuern, ist eine sehr genaue Temperatureinstellung möglich.

Zu beachten ist, daß durch Einspritzen die Dampfmenge um die Einspritzwassermenge vergrößert wird. Man pflegt Kühler und Überhitzer so auszuführen, daß auch bei richtiger Temperatur eine gewisse Wassermenge eingespritzt wird. Auf diese Weise ist nämlich eine Regelung der Temperatur in beiden Richtungen möglich.

Bei Zwangdurchlaufkesseln wird die Heißdampftemperatur durch die Feuerungsleistung geregelt. Sie ist hier sogar ein Maß für das Gleichgewicht zwischen Dampferzeugung und Feuerungsleistung. Daneben haben diese Kessel aber auch eine Einspritzung mit hochwertiger Regelung, denn das ganze System folgt den Regelimpulsen nicht schnell genug.

D. Speisewasservorwärmer

1. Allgemeines

Hier soll nur der rauchgasbeheizte Speisewasservorwärmer besprochen werden, der ein unmittelbarer Teil der Dampfkesselanlage ist, während dampfbeheizte Vorwärmer — gleichgültig, ob sie mit Frischdampf, Zwischendampf oder Abdampf betrieben werden — nicht zum Kessel gehören. Die Bezeichnung „Ekonomiser“ oder abgekürzt „Eko“ stammt aus dem Englischen und hat sich als Bezeichnung für den rauchgasbeheizten Speisewasservorwärmer in Deutschland weitgehend erhalten. *Green* erhielt bereits im Jahre 1845 sein erstes Patent auf einen „fuel economizer“ und schuf um 1870 die endgültige Form des sog. *Green*schen Glattrohr-Ekonomisers, der um die Jahrhundertwende nach Deutschland kam und bis in die zwanziger Jahre dieses Jahrhunderts unverändert den Markt beherrschte. Mit dem Aufkommen höherer Drücke mußte er jedoch dem Rippenrohrvorwärmer weichen, der ihn heute bei Neuanlagen vollständig verdrängt hat. Bei hohen Drücken werden außerdem Stahlrohrvorwärmer angewendet.

Der Speisewasservorwärmer hat die doppelte Aufgabe, das Speisewasser vorzuwärmen, ehe es in den Kessel gelangt, und ferner die in den Abgasen enthaltene Wärmemenge weiter auszunutzen und damit den Wirkungsgrad der Kesselanlage zu verbessern.

An einem Beispiel soll die mögliche Wirkungsgradsteigerung gezeigt werden. Ist an einer Anlage die Abgastemperatur hinter dem Kessel 360°C bei einem CO_2-Gehalt der Rauchgase von 13%, so kann man nach der *Siegert*schen Formel den Abgasverlust berechnen und erhält 17,5%. Wenn durch den Einbau eines Speisewasservorwärmers die Rauchgase noch bis auf 200 °C ausgenutzt werden, obgleich der CO_2-Gehalt infolge von Undichtigkeiten auf 12% fällt, ergibt sich ein Abgasverlust von 10,1%. Das bedeutet einen Gewinn von 7,4 Punkten. Betrug nun vor dem Einbau des Ekos der Wirkungsgrad 72%, so steigt er nachher auf 79,4% und die Verbesserung ist

$$\frac{79{,}4 - 72{,}0}{72{,}0} = 10{,}3\,\%.$$

Als Baustoff wird für den Ekonomiser hochwertiger Sonderguß (Perlit, Rüttelguß, Elektroguß u. a. m.) verwendet, so daß man den Rippenrohreko bis zu etwa 60 at benutzen kann, während der *Green*sche Eko etwa bis 20 . . . 25 at zulässig war.

Man kann unabhängig von den verschiedenen Bauformen zwei Arten des Einbaues in die Kesselanlage unterscheiden: Zentraleko und Einzeleko. Wie bereits der Name anzeigt, werden beim Zentraleko die Abgase sämtlicher Kessel einer Anlage in einem gemeinsamen Fuchs gesammelt und zu dem gesondert aufgestellten Vorwärmer geleitet, in welchem das gesamte Speisewasser für alle Kessel gemeinsam aufgewärmt wird. Ein solcher Zentraleko ist billiger als mehrere Einzelvorwärmer und wurde mit Vorliebe bei der *Green*schen Bauart angewendet. Heute ist diese Art verschwunden. Es ist Grundsatz, nicht nur jedem Kessel seinen eigenen Eko zu geben, sondern ihn auch mit dem Kessel zusammen in einem Block aufzustellen und einzumauern (z. B. Abb. 15, 24, 27, 30). Man findet jedoch heute noch manche alten Anlagen in Betrieb.

Der Temperaturbereich, in welchem der Speisewasservorwärmer betrieben wird, ist durch die Abgastemperatur hinter dem Kessel und die Temperatur des Speisewassers gegeben. Im allgemeinen kann man je nach der Bauart und Wärmebelastung des Kessels mit 300 bis 450° C am Eintritt des Vorwärmers rechnen, während man als Austrittstemperatur der Rauchgase hinter dem Eko etwa 180 bis 200° C (seltener 150 bis 160° C) für die Berechnung zugrunde legt. Die Speisewassertemperatur ist sehr verschieden, je nachdem ob Frischwasser (10 bis 20° C) oder Kondensat (40 bis 70° C) gespeist wird. Bei Speisewasserreinigungsanlagen mit Entgasung kann man 100° C rechnen, bei Anzapfdampfvorwärmung noch erheblich mehr. Als Faustformel kann man sich merken, daß einer Wasseraufwärmung von 1° bei älteren Anlagen eine Rauchgasabkühlung von 2°, bei neuzeitlichen Anlagen von 2,2° entspricht.

Von ganz besonderer Bedeutung für den Betrieb der Speisewasservorwärmer ist die Kenntnis des Taupunktes (vgl. Bd. I) der Rauchgase. Liegt die Eintrittstemperatur des Speisewassers unterhalb des Taupunktes, der bei Steinkohlen zwischen 35 und 45° C liegt und bei Braunkohlen, je nach dem Wassergehalt, bis auf 65° C ansteigen kann, dann schlägt sich örtlich Wasserdampf an den Rohren nieder. Durch diesen kleben die mit den Gasen mitgerissenen Flugkoksteilchen an den Rohren an und bilden in kurzer Zeit eine feste Kruste, die nicht nur den Wärmeübergang behindert, sondern auch die Gasströmung. Befinden sich außerdem in den Gasen infolge schlechter Verbrennungsverhältnisse teerige Bestandteile, dann setzen sie sich ebenfalls an den Rohren ab und geben einen unangenehmen, schwer zu beseitigenden Überzug. Die Rauchgase schwefelreicher Kohle haben einen weit höher liegenden Taupunkt als solche schwefelarmer Kohle. Dies ist besonders unangenehm, da die ausgeschiedene Flüssigkeit mit den Schwefelgasen stark angreifende Säuren bildet. Die einfachste Schutzmaßnahme ist daher, die Speisewassereintrittstemperatur grundsätzlich oberhalb des Taupunktes zu halten. Läßt sich das nicht ermöglichen, dann kann man z. B. an der Speisepumpe warmes Wasser zumischen, das man hinter dem Eko abzweigt und im Kreislauf führt. Die Pumpe muß dann entsprechend mehr fördern. Trotzdem läßt es sich nicht vermeiden, daß Ablagerungen stattfinden. Die Anordnung sorgfältig durchgebildeter Reinigungsvorrichtungen (Schaber, Rußbläser) ist daher eine Grundbedingung des Ekobetriebes, wenn die Kohle nicht harmlos ist.

Die Ekonomiser verschmutzen auch wasserseitig, wenn keine Speisewasserreinigung vorhanden und das Wasser reich an vorübergehender (Karbonat-) Härte ist. Bereits oberhalb von 45° C besteht die Gefahr von Ausscheidungen. Auch der Eko verlangt daher eine sachgemäße Speisewasseraufbereitung.

2. Glattrohrvorwärmer Bauart Green

Der *Green*sche gußeiserne Ekonomiser (Abb. 33) ist aus einzelnen Registern von 4, 6, 8, 10 oder 12 Rohren zusammengesetzt, die eine gemeinsame Speisewasserzuführung und -Ableitung haben. Jedes Register besteht aus dem Ober- und Unterkasten aus Sonderguß, in die die gußeisernen glatten Rohre mittels eines schlanken Konus hydraulisch eingepreßt werden. Diese Verbindung ist nur bis zu etwa 20 at haltbar und setzt voraus, daß die Speisewasseraustrittstemperatur möglichst 125 bis 150° C nicht überschreitet. Die Rohre haben einen lichten Durchmesser von 96 mm bei 10 mm Wandstärke und einer Länge von 2,7 bis 4 m. Die Oberkästen haben gegenüber jedem Rohre herausnehmbare Verschlüsse, um die Rohre von innen reinigen zu können.

Die zweite wichtige Erfindung *Greens*, die seinen Ekonomiser erst lebensfähig gemacht hat, ist der Ruß-Schaber. Jedes Rohr hat einen gußeisernen Kratzer, der durch eine

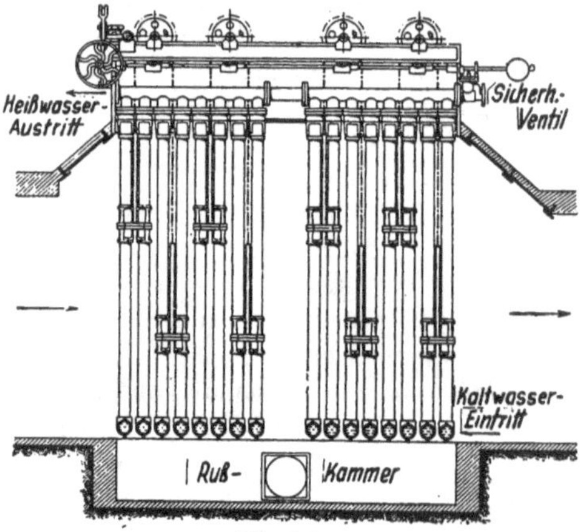

Abb. 33. *Green*scher Ekonomiser, Längsschnitt

Antriebsvorrichtung auf und ab bewegt wird. Dadurch wird angestrebt, auch bei Taupunktsunterschreitung und Anbackungen die Rohre sauber zu halten und gute Wärmeübergangsbedingungen zu erzielen. Die Durchführung der Schaberketten nach außen bedeutet eine Undichtigkeit, die in Kauf genommen werden muß und durch die ziemlich viel Falschluft in den Eko eindringt, so daß der CO_2-Abfall bei dieser Bauart bis zu 2% beträgt.

3. Rippenrohr-Speisewasservorwärmer

Die Rippen dieser Bauart, von der Abb. 34 eine beispielsweise Ausführung zeigt, haben eine doppelte Aufgabe zu lösen. Erstens wird die Festigkeit des Rohres gegen den inneren Überdruck erheblich gesteigert. Bei der Kaltwasserdruckprobe haben Rippenrohre von 80 mm l. ∅ Drücke über 700 at ausgehalten, ehe sie zu Bruch gingen. Zweitens wird aber ein wesentlicher wärmetechnischer Vorteil erzielt. Da der Wärmeübergang auf der Wasserseite ein Vielfaches von dem auf der Gasseite ist, kann man durch Vergrößerung der gasberührten Oberfläche durch Rippen diesen Nachteil zum Teil ausgleichen. Allerdings ist eine beliebige Vergrößerung unzweckmäßig, da die Wärmeleitung innerhalb der Rippen einen gewissen Wärmewiderstand und damit ein Temperaturgefälle bedingt, so daß der wirtschaftliche Vorteil schließlich eine Grenze hat.

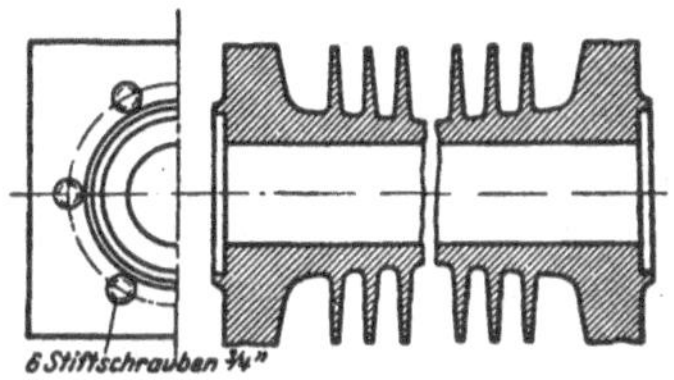

Abb. 34. Rippenrohr für 50—80 at Druck

Die Rippenrohre werden in Längen von 1,0, 1,5, 2,0 und 2,5 m ausgeführt, bei einzelnen Fabrikaten noch länger. Das sog. „Verbandsrohr“ hat einen lichten Durchmesser von 80 mm bei 10 mm Wandstärke. Die Rohrteilung beträgt 220 mm (Flanschgröße). Die Rippen, die teils rund, teils quadratisch ausgeführt werden, haben Teilungen von 25 bis 40 mm. Die Oberfläche des Rohres ist 2,25 m² je lfd. Meter.

Heute ist das „Hochleistungsrohr“ üblich, bei dem der lichte Rohrdurchmesser auf 60 mm und die Rohrteilung auf 140 bis 150 mm verringert ist. Außerdem hat man durch richtige Formgebung der Rippen eine bessere Wärmeübertragung erreicht. Die Wärmedurchgangszahl ist gegenüber dem Verbandsrohr auf etwa das 1,3-fache gestiegen. Mit anderen Bauformen und besonderen strömungstechnisch gestalteten Rippen sind noch weitere Steigerungen der Wärmeübertragung erzielt worden, ebenso durch Auflösung der Rippen in Nadeln oder Zähne. An den Enden sind die Rippenrohre durch angeschraubte Rohrkrümmer verbunden.

Der Raumbedarf der Rippenrohrekonomiser schrumpft bei gleicher Wärmeleistung gegenüber der *Green*schen Bauart auf $^1/_2$ bis $^1/_3$ beim Verbandsrohr und noch erheblich weiter bei den neueren Bauformen zusammen. Allerdings werden diese Vorteile durch erhöhten Zugbedarf erkauft. Es ist daher erforderlich, bei der Planung diesem Punkt besondere Aufmerksamkeit zu schenken.

Da die Anbringung von Schabern bei Rippenrohren nicht möglich ist, mußte die Reinigung auf anderem Wege gelöst werden. Es werden besonders durchgebildete Rußbläser eingebaut, die vorwiegend mit Heißdampf betrieben werden und vom Heizer in bestimmten Zeitabständen bedient werden sollen. Die kräftigen Dampfstrahlen, die durch Hin- und Herschieben in die einzelnen Rippengassen geschickt werden können, bewirken die Reinigung von den Flugasche- und Rußablagerungen.

Die Rauchgasführung (vgl. Abb. 35) erfolgt im allgemeinen in einem Zug bei fluchtender Rohranordnung, um den Zugverlust gering zu halten. Die Wasserführung geschieht wegen der besseren wärmetechnischen Bedingungen möglichst im Gegenstrom, seltener im Gleichstrom. Da man das Wasser grundsätzlich unten eintreten und oben austreten läßt, ergibt sich also die Rauchgasführung von oben nach unten. Bei der Planung der Gesamtanlage ist darauf Bedacht zu nehmen.

Auf den sog. Leerfuchs, der die Aufgabe hat, die Rauchgase gegebenenfalls um den Eko herumzuführen — z. B. bei Beschädigungen u. dgl. — wird heute meist verzichtet. Die Betriebssicherheit ist sehr groß, und die Zugerzeugung auch bei kaltem Kessel (Anheizperiode) durch Saugzug sichergestellt. Ein Leerfuchs braucht viel Platz und bringt die Gefahr mit sich, daß ein Teil der Abgase ungenutzt abströmt, wenn die Abschlußklappen nicht einwandfrei dicht sind.

Gegebenenfalls sind zwei Klappen hintereinander vorzusehen. Bei den erheblichen Zugunterschieden vor und hinter Vorwärmer führen bereits geringe Undichtigkeiten zu großen Wärmeverlusten.

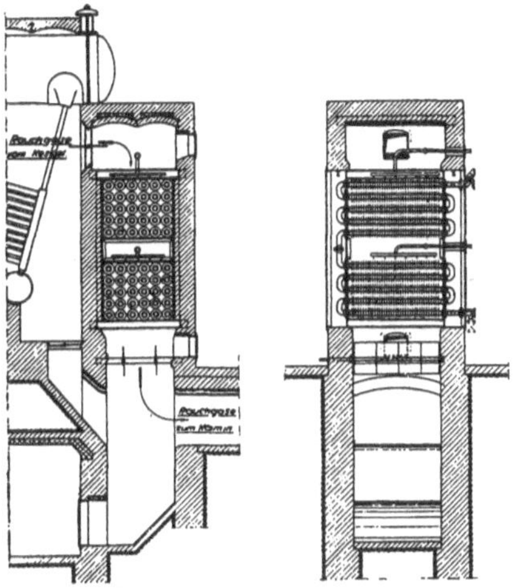

Abb. 35. Rippenrohr-Speisewasservorwärmer hinter einem Teilkammerkessel

Durch bauliche Vereinigung eines Rippenrohr-Vorwärmers und eines Saugzuges mit Antriebsmotor gelangt man zum sog. Saugzug-Ekonomiser. Der Saugzug deckt den Zugverlust des Vorwärmers, so daß ein solches Aggregat auch bei knappen Zugverhältnissen oder nachträglich eingebaut werden kann.

Ein ähnliches Ziel verfolgt auch der heute kaum noch verwendete *Simmon*-Wärmezug. Er ist ein umlaufender Ekonomiser, der zugleich Zug erzeugt. Seine Gebläsewirkung beruht auf der Erkenntnis, daß eine sich drehende Scheibe infolge Abschleuderung der Grenzschicht eine Gasströmung hervorruft. Der Ventilatorwirkungsgrad ist jedoch unbefriedigend, und bewegliche Teile bewähren sich bei Wärmeaustauschern nicht unbedingt.

4. Stahlrohr-Speisewasservorwärmer

Bei höheren Kesseldrücken als etwa 50 at verwendet man in der Regel Stahlrohr-Speisewasservorwärmer, die aus Rohrschlangen und Sammelkästen in ähnlicher Weise zusammengebaut werden wie liegende Überhitzer (vgl. Abb. 27). Die Werkstoffe dieser Vorwärmer sind durch Korrosion stärker gefährdet als Gußeisen. Es ist daher eine grundsätzliche Bedingung, daß die Speisewassereintrittstemperatur so hoch liegt, daß Taupunktserscheinungen nicht auftreten können und ferner, daß nur aufbereitetes und entgastes Speisewasser Verwendung findet, was bei Hochdruckanlagen ohnehin der Fall sein muß.

Stahlrohrvorwärmer können nach den gesetzlichen Vorschriften auch als sogenannte Vorverdampfer oder Verdampfungsekonomiser betrieben werden. Man läßt bei diesen Vorwärmern eine Erwärmung des Speisewassers bis an die Sattdampftemperatur oder sogar eine geringe Dampferzeugung (bis etwa 15%) zu, während man bei den anderen Bauarten mindestens 40 bis 50° unter Sättigungstemperatur bleibt. Es ist dann zweckmäßig, den Eko unmittelbar in die Kesseltrommel ausgießen zu lassen. U. U. kann es vorteilhaft sein, den Speisewasservorwärmer zu teilen und den ersten, kälteren Teil als Rippenrohrvorwärmer mit niedrigerem Druck, den zweiten, wärmeren Teil als Stahlrohrvorwärmer mit dem hohen Kesseldruck als Vorverdampfer zu betreiben. Dann ist es notwendig, eine Druckerhöhungspumpe zwischen beide zu schalten.

Zuweilen schaltet man Rippenrohr-Vorwärmer und Stahlrohr-Vorwärmer auch bei gleichem Druck hintereinander, wobei der Stahlrohr-Vorwärmer als Vorverdampfer betrieben wird.

E. Luftvorwärmer

1. Allgemeines

Der Luftvorwärmer oder Lufterhitzer, abgekürzt „Luvo" genannt, hat die Aufgabe, die Verbrennungsluft vorzuwärmen. Dadurch sollen sowohl eine Verbesserung des Zündungs- und Verbrennungsvorganges wie auch eine Ausnutzung der in den Abgasen enthaltenen fühlbaren Wärme erzielt werden.

Der Gedanke, die Verbrennungsluft vorzuwärmen, ist sehr alt, und seit der Mitte des vorigen Jahrhunderts sind immer wieder diesbezügliche Vorschläge gemacht worden, ohne daß sie sich jedoch im praktischen Betriebe halten konnten. Daran war in erster Linie der Umstand schuld, daß man durch die damit verbundene Verbesserung und Intensivierung des Verbrennungsvorganges so hohe Feuerungstemperaturen erhielt, daß bei den damaligen Feuerungsbauarten die Roststäbe und das Mauerwerk einen außerordentlichen Verschleiß hatten oder sogar verbrannten. Die Erkenntnisse über die Wärmeübertragung durch Strahlung und die Anwendung gekühlter Feuerräume lagen noch nicht vor. Andererseits besaß man im Speisewasservorwärmer eine ausgezeichnete Hilfsheizfläche, mit der man die Abgaswärme in genügendem Maße ausnutzen konnte, wobei man gleichzeitig einen unmittelbaren Wärmebeitrag zur Verdampfung des Speisewassers erhielt.

Erst mit dem Aufkommen des Regenerativverfahrens (etwa nach dem ersten Weltkrieg), das die Speisewasservorwärmung auf anderem Wege, nämlich durch Anzapfung der Dampfkraftmaschine, löste und eine erhebliche Verbesserung des thermischen Wirkungsgrades erreichte, ergab sich die Notwendigkeit, die in den Abgasen hinter dem Kessel enthaltene Wärmemenge anderweitig auszunutzen, da ja der Ekonomiser ganz oder zum Teil überflüssig wurde. Es kam hinzu, daß etwa zu gleicher Zeit Kesseldruck und Wärmebelastung dauernd erhöht wurden, so daß die Abgastemperaturen hinter dem Kessel weiter anstiegen und eine erhöhte Abgaswärmemenge zur Verfügung stand. Inzwischen waren jedoch sowohl die wissenschaftlichen Erkenntnisse über die Bedeutung und Anwendung vorgewärmter Verbrennungsluft in Kesselfeuerungen gestiegen wie auch geeignete Baustoffe und Herstellungsverfahren entwickelt, um dem Luftvorwärmer den Weg zu bereiten.

Der grundsätzliche Unterschied zwischen Speisewasser- und Luftvorwärmer ist darin zu sehen, daß die aus den Abgasen gewonnene Wärme beim Ekonomiser unmittelbar dem Verdampfungsvorgang zugute kommt. Der Kessel wird entlastet, da ihm die Wasseraufwärmung oder ein Teil derselben abgenommen wird. Die wirtschaftlichen Vorteile sind daher auch unmittelbar ersichtlich. Beim Luftvorwärmer liegen dagegen die Verhältnisse anders. Eine Entlastung der Kesselwärmeleistung tritt nicht ein. Die wirtschaftlichen Vorteile des Luftvorwärmers machen sich daher nicht unmittelbar bemerkbar; sie sind mittelbar.

Die Wärmeleistung eines Kessels ist um so größer, je größer das Wärmegefälle zwischen Heizgasen und Wasser ist. Um hohe Leistungen zu erzielen, muß man also ein möglichst großes Wärmegefälle anstreben. Ein wertvolles Mittel dazu ist die Luftvorwärmung, durch die die weniger wertvolle Wärme der Abgase mit Hilfe eines einfachen Wärmeaustauschapparates auf die Verbrennungsluft übertragen wird. Diese führt sie dem Kessel in der Feuerung wieder zu, wo sie in hochwertige Wärme von hohem Potential umgewandelt wird.

Man ist in den meisten Fällen geneigt, bei einem Verbrennungsvorgang nur den Heizwert des Brennstoffes zu betrachten und die Wärmemenge zu vernachlässigen, die durch die Luft zugeführt wird. Eine Vorwärmung der Verbrennungsluft um nur 100° bedeutet aber bereits eine Steigerung der in den Verbrennungsvorgang eingebrachten Wärme um rd. 5% des Brennstoff-Heizwertes.

In runden Zahlen kann man die heute üblichen Luftvorwärmungen etwa wie folgt angeben:

Bei Mühlenfeuerungen für sehr wasserhaltige Brennstoffe	bis zu 400° C,
bei Kohlenstaubfeuerungen	bis zu 300° C,
bei Rostfeuerungen für Braunkohle	200° C und mehr,
für Steinkohle	bis zu 120° C.

Dabei ist vorausgesetzt, daß das Ascheverhalten des Brennstoffes und seine Verkokungseigenschaften diese Temperaturen überhaupt zulassen. Die Abkühlung der Rauchgase im Luftvorwärmer wird im allgemeinen bis auf 180° C geplant; doch kommen auch in Sonderfällen Werte von 150° C bis 120° C vor, wenn die Brennstoffe sehr teuer sind und daher eine besonders gute Ausnutzung wirtschaftlich ist.

Man kann zwei Arten der Luftvorwärmung unterscheiden: Rekuperative Luftvorwärmer sind solche, bei denen die Rauchgaswärme durch eine Wand (Blech oder Guß) hindurch unmittelbar auf die Verbrennungsluft übertragen wird. Es gehören dazu:

Röhrenluftvorwärmer,
Platten- oder Taschenluftvorwärmer,
Gußeiserne Luftvorwärmer.

Bei regenerativen Luftvorwärmern erfolgt die Wärmeübertragung auf die Luft mittelbar. Es werden zunächst besonders durchgebildete Körper aufgeheizt, die die Wärme in Wechselschaltung an die Luft weitergegeben. Der wichtigste Vertreter dieser Bauart ist der *Ljungström*-Luftvorwärmer.

2. Rekuperative Luftvorwärmer

Bei Röhrenluftvorwärmern kennt man sowohl Bauarten, bei denen die Rauchgase um die Rohre und die Luft durch die Rohre strömen, wie auch umgekehrt. Entscheidend für die Wahl ist hier, abgesehen von der örtlichen Gestaltungsmöglichkeit, die Frage der Reinigung. Bei geraden Rohren ist das Innere naturgemäß leichter zugänglich und man wird besonders schmutzige und staubhaltige Gase durch die Rohre führen. Bei guten Rußbläsern und harmlosen Gasen wird man dagegen die Gase um die Rohre strömen lassen, um diesen größeren Querschnitt günstiger ausnutzen zu können. Die Rohre haben im allgemeinen einen Durchmesser von 50 bis 100 mm bei einer Wandstärke von 2 bis 4 mm. Rohrlängen bis zu 6 m kommen vor. Die größeren Wandstärken verwendet man in den Gebieten, wo mit Korrosionen zu rechnen ist.

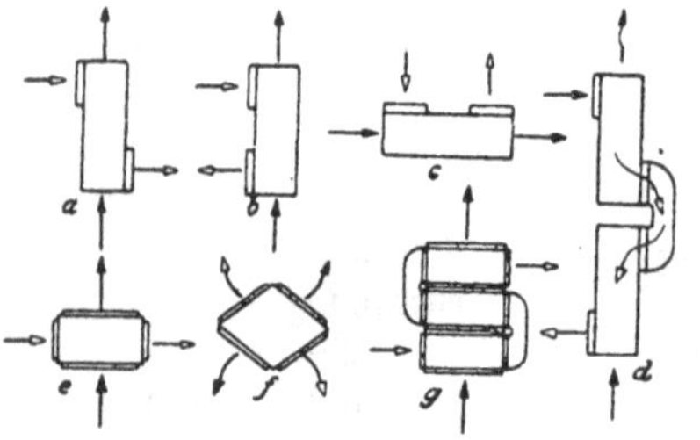

Abb. 36. Schematische Darstellung verschiedener Anordnungen von Plattenluftvorwärmern

Die Rauchgas- und Luftführung (Abb. 36) erfolgen vorwiegend im Kreuzstrom und im Gegenstrom. Aber auch Gleichstrom kommt (allerdings selten) vor. Man wird danach trachten, die Rauchgase in nur einem Zug durch den Luftvorwärmer zu schicken, um einen möglichst geringen Zugverlust zu haben. Bei der Luftführung ist diese Frage nicht entscheidend, da man durch entsprechende Auslegung des Lüfters in der Lage ist, auch größere Widerstände (bei mehreren Zügen) zu überwinden, wenn man dadurch technische Vorteile (z. B. bessere Wärmeübergangsverhältnisse) erreichen kann. Der höhere Eigenbedarf ist hierbei gegen die übrigen Vorteile auszuwiegen.

Bei Röhrenluftvorwärmern lassen sich auf 1 m^3 umbauten Raum etwa 10 bis 15 m^2 Heizfläche unterbringen.

Taschen- oder Plattenluftvorwärmer (vgl. Abb. 24, 27) nennt man solche Bauarten, die aus einer großen Zahl von Blechplatten bestehen, die den Gas- und Luftstrom abwechselnd in viele dünne Schichten zerteilen. Die Blechstärke beträgt 2 bis 4 mm, der Abstand 12 bis 40 mm. Man wählt die Teilung der Luft- bzw. Gasschichten so, daß in beiden etwa die gleichen Geschwindigkeiten herrschen. Da die Luftmenge bei Kesselfeuerungen an und für sich etwas geringer ist als die entstehende Gasmenge, diese aber durch Undichtigkeiten der Kesselanlage (CO_2-Abfall) zunimmt, und da ferner die Gase im hohen, die Luft im niedrigen Temperaturgebiet liegen, so ist das Verhältnis von Luft- zu Gasquerschnitt etwa 1:2. Die Blechgrößen schwanken in weiten Grenzen zwischen 1×1 m und 5×2 m. Gewöhnlich werden mehrere Taschen zu einem ganzen Block zusammengebaut. Bei den kleinen Abmessungen kommt man z. B. zu würfelförmigen Größen von 1 m Kantenlänge als einer Art Norm und setzt nun aus diesen je nach den örtlichen Bedürfnissen den Luftvorwärmer der erforderlichen Größe zusammen, wobei man die Luft durch Umführungen von dem einen zum andern Block leitet (vgl. Abb. 36 g). Auf gute strömungstechnische Ausgestaltung dieser Umlenkhauben ist Wert zu legen. Im allgemeinen soll ein Luftvorwärmerblock ein Gewicht von 1 t nicht überschreiten, damit er noch einigermaßen bequem gehandhabt werden kann.

Auf einem cbm umbauten Raum kann man — je nach der Taschenteilung — 25 bis 40 m² Heizfläche unterbringen. Bei beschränkten Platzverhältnissen ist daher der Taschenluftvorwärmer trotz einer etwas kleineren Wärmedurchgangszahl dem Röhrenluftvorwärmer vorzuziehen.

Von ganz besonderer Bedeutung ist die vollständige Dichtigkeit der Lufterhitzer, die man am besten durch Eintauchen in ein Wasserbad oder durch Abseifen unter Probedruck prüft. Jede Undichtigkeit führt nicht nur zu Luft-, sondern auch zu Wärmeverlusten und damit zur Verschlechterung des Kesselwirkungsgrades. Der Druckunterschied zwischen Luft- und Gasseite kann recht beträchtlich sein, da die Rauchgase unter Unterdruck (Schornsteinzug oder Saugzug) stehen, die Luft dagegen unter dem Überdruck des Lüfters, der allein 100 mm WS und erheblich darüber sein kann. Bereits bei 100 mm WS Druckunterschied treten aber durch einen Schlitz von 1 m Länge und nur 1 mm Breite stündlich rd. 150 m^3 Luft auf die Rauchgasseite über. Bei Luftvorwärmern haben sich daher Niet- und Schraubverbindungen der Bleche nicht bewährt und man ist allgemein zur elektrischen Schweißung übergegangen.

Die Luftvorwärmerelemente sind ferner so zu gestalten, daß die Bleche sich weder verziehen noch flattern können. Bei den geringen Abständen genügen schon geringe Ausbeulungen, die durch den Temperaturunterschied von Gas und Luft bedingt sind, um den Querschnitt sehr stark oder ganz einzuengen und die Leistungsfähigkeit des Apparates zu vermindern. Daher ist eine sehr gute gegenseitige Verankerung und Distanzierung der Bleche erforderlich.

Für die Reinigung benutzt man Rußbläser, die den besonderen Belangen der Taschen entsprechend ausgebildet sind und mit kräftigen Strahlen eine gute Ausblasung gewährleisten. In vielen Fällen ist der Betrieb ohne Rußbläser jedoch einwandfrei oder sogar günstiger, da beim Blasen mit Dampf Taupunktschwierigkeiten auftreten können. Zuweilen bläst man daher mit Preßluft ab.

In der letzten Zeit hat der gußeiserne Lufterhitzer in wachsendem Maße an Boden gewonnen. Er ist in seinem Aufbau dem Rippenrohr-Ekonomiser nachgestaltet und wird auch von den einschlägigen Firmen gebaut. Während jedoch beim Speisewasservorwärmer nur die Gasseite mit Rippen versehen ist, um die schlechte Wärmeübergangszahl gegenüber derjenigen des Wassers auszugleichen, müssen beim

Guß-Luvo beide Rohrseiten mit Rippen versehen werden, da ja auch die Wärmeübergangszahl der Luft niedrig ist. Abb. 37 zeigt eine Ausführungsform des gußeisernen Luftvorwärmers, bei dem es möglich ist, 35 bis 40 m² Heizfläche je cbm umbauten Raum unterzubringen. Da die Wärmedurchgangszahl derjenigen des Taschenlufterhitzers nicht nachsteht, ist die Raumwärmeleistung die gleiche.

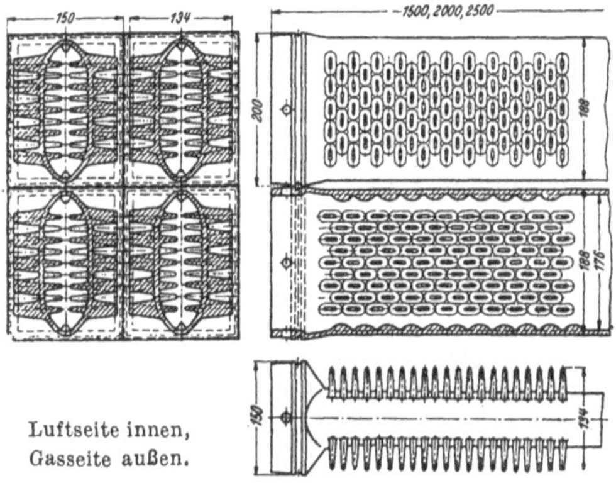

Abb. 37. Zahnrippenlufterhitzerrohr aus Gußeisen

Die Vorteile des gußeisernen Luftvorwärmers liegen im Werkstoff und in seiner Gestaltung. Die Wandstärken des Gußeisens sind erheblich größer als diejenigen der Rohre oder Bleche der anderen Luftvorwärmerbauarten. Sie sind daher bei Auftreten von Korrosionen nicht so schnell durchgefressen, ganz abgesehen davon, daß das Gußeisen an und für sich in dieser Hinsicht günstigere Eigenschaften besitzt. Man kann daher auch mit der Lufttemperatur erheblich höher gehen. Für sehr hohe Gas- und Lufttemperaturen werden besonders gattierte Gußeisenlegierungen mit Erfolg angewendet. Bei größeren Kesseln unterteilt man häufig die Luftvorwärmeranlage und wählt im Gebiet niedriger Gas- und Lufttemperaturen mit Rücksicht auf die größere Widerstandsfähigkeit gegenüber Taupunktserscheinungen gußeiserne Elemente, im höheren Temperaturbereich Röhren- oder Taschenluvos und im höchsten Bereich wieder Gußeisen in hitzebeständiger Sonderrelegierung.

3. Regenerative Luftvorwärmer

Die Regenerativluftvorwärmer sind in der Hüttentechnik z. B. als Cowper sehr alt und weit verbreitet. Während man hier jedoch zur Speicherung der Wärme Steine benutzt und einen langdauernden Umschaltvorgang zwischen mehreren Kammern durchführt, mußte man im Kesselbau andere Wege beschreiten. Die alten Regenerativbauarten wären für Kessel viel zu groß und teuer geworden. Bei den im Verhältnis niedrigen Abgastemperaturen der Kessel und dem geringen zur Verfügung stehenden Raum kam es darauf an, Speicherstoffe zu wählen, die einen möglichst geringen Wärmewiderstand besitzen. Durch die Verwendung sehr dünner Bleche ($^1/_2$ bis $^3/_4$ mm) als Speicherstoff bekommt man einerseits sehr große wärmeaufnehmende Flächen, die andererseits infolge ihrer guten Wärmeleitfähigkeit und ihrer Dünnheit — die Wärme braucht ja von jeder Seite nur z. B. $^1/_4$ mm einzudringen — schnell die in den Abgasen herangeführte Wärme aufnehmen bzw. wieder abgeben. Der Umschaltvorgang wird also sehr kurz oder kann sogar durch Ausbildung als Drehregenerator kontinuierlich erfolgen.

Der *Ljungström*-Luftvorwärmer (vgl. Abb. 38) ist nach diesen Grundgedanken aufgebaut. Der drehbare Rotor — je nach den örtlichen Verhältnissen waagerecht oder senkrecht angeordnet — ist ein Speicherkörper, der aus einem Gitterwerk von abwechselnd gewellten und gerieften etwa 0,5 bis 0,75 mm dünnen Blechen besteht. Durch die Gestaltung wird eine außerordentliche Vielzahl von kleinen Kanälen mit großer Oberfläche gebildet, durch die die Gase bzw. die Luft hindurchströmen. Dabei ist der Querschnitt so gewählt, daß in beiden Teilen etwa gleiche Geschwindigkeiten herrschen.

Die wichtigste gestalterische Aufgabe bei dieser Bauart ist die Abdichtung zwischen den beiden Strömungen, die hier ja noch der Tatsache Rechnung tragen muß, daß der Rotor sich

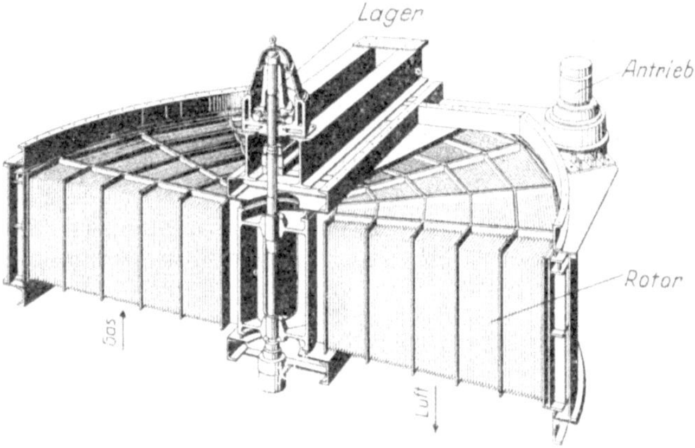

Abb. 38. *Ljungström*-Luftvorwärmer im Schnitt

darunter hinwegdreht. Die Lösung beruht darin, daß man mittels einfacher Konstruktionselemente durch die Drehbewegung des Rotors Strömungen erzeugt, die der Bewegung der Leckluft entgegen wirken. An der Seite, an der der Rotor aus dem Gasstrom in den Luftstrom übertritt, wird so ohne eigentliche Abdichtung erreicht, daß beide Wirkungen sich aufheben. Die früher üblichen schleifenden Abdichtungen wurden verlassen. Der CO_2-Abfall konnte von 1—1,5% auf 0,5% gesenkt werden.

Rußbläser sind meist überflüssig, aber im Bedarfsfalle leicht anzubringen, da man den Rotor unter einem fest eingebauten Rußbläserrohr hinwegdrehen kann. Taupunktsschwierigkeiten sind nicht leicht zu befürchten, da der eiserne Drehkörper sich auf einem verhältnismäßig hohen Temperaturniveau hält. Die Temperaturschwankungen der Heizfläche liegen bei ± 5 bis ± 10° C.

Der Vorteil des *Ljungström*-Luftvorwärmers liegt in seinem erheblich geringeren Raumbedarf gegenüber den rekuperativen Bauarten bei gleicher Wärmeleistung. Der Kraftbedarf ist dabei sehr gering (etwa 1 PS) und der Einbau gestaltet sich in vielen Fällen sehr einfach. Korrosionen an den Blechen des Drehkörpers führen nur zu einer Minderung der Wärmeleistung. Eine Auswechselung wie beim Plattenluftvorwärmer, wo durch Undichtigkeiten stets Luft übertritt, ist nicht erforderlich.

Es sind noch andere regenerative Luftvorwärmer entwickelt worden; doch haben sie im Kesselbau keine größere Bedeutung erlangt.

F. Die Festigkeitsberechnung der Dampfkessel

1. Allgemeines

Herstellung, Anlegung und Betrieb der Dampfkessel unterliegen bestimmten gesetzlichen Vorschriften, die in den „Allgemeinen polizeilichen Bestimmungen über die Anlegung von Landdampfkesseln (bzw. von Schiffsdampfkesseln)“ (z. Zt. maßgebend Fassung vom 11. 11. 1944) zusammengestellt sind. Eine besondere Anlage dazu bilden die „Werkstoff- und Bauvorschriften“, die ebenfalls getrennt für Land- und Schiffsdampfkessel aufgestellt und in der gegenwärtigen Fassung mit dem 1. Januar 1947 in Kraft gesetzt sind[1]).

---

[1]) Die allgemeinen polizeilichen Bestimmungen und die Werkstoff- und Bauvorschriften sind durch Carl Heymanns Verlag, Berlin, und durch den Beuth-Vertrieb G. m. b. H., Berlin W 15 und Köln, zu beziehen. Vgl. auch *Jaeger-Ulrichs*, Bestimmungen über Anlegung und Betrieb der Dampfkessel. 5. Aufl. 1926 und Nachtrag 1929. Carl Heymanns Verlag, Berlin.

Um die Vorschriften möglichst auf der Höhe der technischen Entwicklung halten zu können und die bei der außerordentlichen Entwicklung des Dampfkesselwesens gewonnenen Erkenntnisse aus Wissenschaft und Praxis schleunigst nutzbar zu machen, hat der „Deutsche Dampfkesselausschuß" (DDA)[1]) — eine amtliche Organisation der deutschen Bundesbehörden, der Technischen Überwachungsvereine, Technischen Hochschulen, der Materialprüfungsanstalten und der einschlägigen Industrien unter Mitwirkung des Fachnormenausschusses „Dampferzeuger und Druckbehälter" — die Befugnis, selbständig neue Vorschriften zu beschließen. Wenn von den zuständigen Behörden des Bundes oder eines Landes nicht innerhalb eines Monats Einspruch erhoben wird, treten sie in Kraft.

Es würde im Rahmen dieses Büchleins zu weit führen, die gesamten hier in Frage kommenden Bestimmungen wiederzugeben. Die nachstehend mitgeteilten Berechnungsformeln sind jedoch in engster Anlehnung daran zusammengestellt. Einen Anspruch auf Vollständigkeit können sie nicht machen; falls der Leser die Absicht hat, diesbezügliche Be- oder Nachrechnungen anzustellen, muß auf die ApB verwiesen werden.

Im Bundesgebiet besteht — wie auch in anderen Ländern — die Überwachungspflicht für sämtliche Dampfkessel, die durch eine Reihe von Technischen Überwachungsvereinen durchgeführt wird, die einen Selbstverwaltungskörper der Wirtschaft darstellen und nach einheitlichen Richtlinien arbeiten.

Ferner haben zwei große industrielle Verbände wertvolle Hinweise und Richtlinien auf Grund eigener Forschungsarbeiten herausgegeben. Es sind dies:

der Fachverband für Dampfkessel-, Behälter- und Rohrleitungsbau in Düsseldorf und

die Vereinigung der Großkesselbesitzer (VGB).

---

[1]) *A. Rühl*, Werden und Wirken des DDA. BWK Bd. 1 (1949) S. 239.

2. Werkstoffvorschriften für Landdampfkessel

Die Werkstoffvorschriften enthalten die Grundsätze für die Prüfungen, die Zurichtung der Proben, die Abnahme der Werkstoffe und die zu verwendenden Prüfmaschinen. Die Eigenschaften der Werkstoffe sind durch bestimmte Prüfungen nachzuweisen. Nur in besonderen Fällen genügen einfache Werksbescheinigungen. Ferner sind genaue Angaben über die Anforderungen gemacht, die an die verschiedenen Werkstoffe zu stellen sind. In erster Linie kommen für Bleche und Kesselteile die nachstehenden fünf Stahlsorten zur Anwendung:

Bezeichnung		C 12	C 18	C 25	20 Mn 3	20 Mn 5
Zugfestigkeit	kg/mm^2	35—45	41—50	47—56	47—56	50—60
Streckgrenze bei 20° C	kg/mm^2	19	22	25	27	30
Berechnungsfestigkeit bei						
100° C Wandtemp.	kg/mm^2	18	21	24	26	29
200° C Wandtemp.	kg/mm^2	16	18	22	25	28
300° C Wandtemp.	kg/mm^2	12	14	18	21	23
400° C Wandtemp.	kg/mm^2	7	9	12	14,5	16,5
500° C Wandtemp.	kg/mm^2			(3)	4	6

Wie die Zahlen beweisen, unterliegen die Festigkeitseigenschaften der Werkstoffe mit steigender Temperatur sehr starker Änderung. Abb. 39 zeigt zwischen 0° C und 600° C die Streckgrenze und Dauerstandfestigkeit verschiedener Kesselbaustoffe. Während die Zugfestigkeit zunächst ansteigt und etwa bei 250° C ihren Höchstwert erreicht, um dann steil abzufallen, nimmt die Streckgrenze mit steigender Temperatur ständig ab. Bei 500° C hat gewöhnlicher Röhrenstahl nur noch eine Streckgrenze von ungefähr 8 kg/mm^2, d. h. weniger als $^1/_3$ dessen, was er bei Zimmertemperatur aufweist. Es ist das Bestreben der Industrie, durch Veredlung solche Werkstoffe zu schaffen, deren Warmfestigkeit möglichst wenig abnimmt.

Zur Berücksichtigung dieses Werkstoffverhaltens ist in die Werkstoff- und Bauvorschriften der Begriff der „Berech-

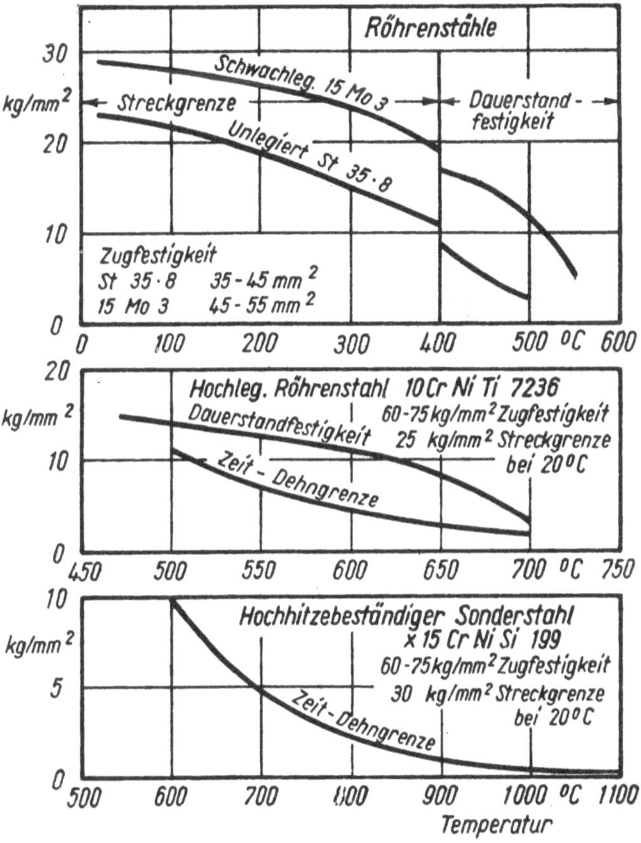

Abb. 39. Festigkeitseigenschaften verschiedener Kesselwerkstoffe in Abhängigkeit von der Temperatur

nungsfestigkeit" eingeführt worden, die außer von der Art des Werkstoffes von seiner Temperatur abhängt und für die in den Vorschriften Zahlenwerte angegeben werden. Bis 350° C Wandtemperatur entspricht die Berechnungsfestigkeit der Warmstreckgrenze, bei 400° C der Dauerstandfestigkeit. Oberhalb 500° C reicht auch dieser Begriff nicht mehr aus und wird durch die „Zeitstandfestigkeit"[1]) ersetzt.

Die Werkstoff- und Bauvorschriften enthalten auch sehr eingehende Angaben und Vorschriften über Schweißungen, Prüfung von Schweißarbeiten und Ausbildung von Kesselschweißern.

3. Berechnung zylindrischer Dampfkesselwandungen mit innerem Überdruck (Kesseltrommeln)

Bauvorschriften Abschn. IV

Die Blechdicke des Mantels ergibt sich zu:

$$s = D \cdot \frac{p \cdot x}{200\,K_z \cdot v} + 1 \qquad [\text{mm}].$$

Der Zuschlag von 1 mm kann bei einer Blechdicke von über 30 mm auf 0,5 mm vermindert werden, bei einer Blechdicke von über 40 mm ganz in Fortfall kommen.

In der Formel bedeuten:

D = größter Innendurchmesser in mm,
p = größter Betriebsdruck in kg/cm²,
K_z = Berechnungsfestigkeit des verwendeten Bleches nach folgender Tabelle:

Zugfestigkeit	kg/mm²	35—45	41—50	44—53	47—56
K_z	kg/mm²	36	41	44	47

x = Sicherheitsbeiwert, und zwar

$x = 4{,}75$ bei überlappten oder bei einseitig gelaschten Nietnähten,

$x = 4{,}25$ bei einreihigen doppeltgelaschten Nietnähten sowie bei zweireihigen, deren eine Lasche nur einreihig genietet ist, und bei überlappten schmelzgeschweißten Nähten,

[1]) *G. Bandel* und *H. J. Wiester*, Das Verhalten der Werkstoffe bei Heißdampftemperaturen bis 600° C. BWK Bd. 1 (1949) S. 203.

$x = 4$ bei mehrreihigen doppeltgelaschten Nietnähten, bei nahtlosen Schüssen und bei stumpfgeschweißten Nähten, d. h. bei solchen, bei denen der Kraftlinienfluß durch die Art der Verbindung in keiner Weise beeinträchtigt wird.

v = das Verhältnis der Mindestfestigkeit der Längsnaht zur Zugfestigkeit des vollen Bleches (Blechschwächungsziffer). Für Schweißnähte darf v bis einschl. 0,7 gewählt werden. Eine Höherbewertung bis $v = 0{,}9$ ist auf besonderen Antrag erreichbar.

Eine Verschwächung erfährt das Mantelblech der Trommel ferner durch die Nietung und durch die Löcher (Mannlöcher, Löcher zum Einwalzen von Siederohren usw.). Ist zum Beispiel die Teilung der Rohrlöcher t und der Durchmesser d, so ergibt sich bei einreihigen Längsnietnähten $v = \frac{t - d}{t}$. Bei mehrreihigen Nietnähten ist v für jede Nietreihe zu ermitteln und der kleinste Wert in die Berechnung einzusetzen. Zu beachten ist, daß ein Trommelmantel in der Längsnaht am höchsten beansprucht ist. Die Beanspruchung in der Quernaht beträgt genau die Hälfte.

4. Berechnung der Flammrohre

Bauvorschriften Abschn. V

Da glatte und versteifte Flammrohre heute nicht mehr eingebaut werden und die Zahl der alten Kessel, in denen noch solche Rohre verwendet worden sind, immer kleiner wird, kann auf die Angabe der betr. Berechnungsformeln an dieser Stelle verzichtet und nur auf Abschnitt V B der Bauvorschriften verwiesen werden.

Die heutigen Flammrohrkessel erhalten in Deutschland in der Regel *Fox*- oder *Morrison*-Wellrohre.

Die Berechnung der Wandstärke erfolgt nach folgender Formel:

$$s = \frac{p \cdot d}{1200} + 2, \qquad \text{[mm]}$$

wobei bezeichnen:

s die Blechdicke in mm,
d den kleinsten inneren Flammrohrdurchmesser in mm,
p den größten Betriebsüberdruck in kg/cm².

Die Blechdicke soll nicht kleiner als 7 mm genommen werden (ausgenommen Kleinkessel, z. B. Fahrzeugkessel).

Der äußere Durchmesser der Wellrohre ist stets 100 mm größer als der innere. Bei sehr großen Längen werden die Flammrohre ineinander gesteckt und zusammengenietet. Auf die gute Auswechslung der Flammrohre (Aus- oder Einhalsung dem äußeren Wellrohrdurchmesser angepaßt) ist zu achten.

5. Berechnung von Böden

Bauvorschriften Abschn. VII, VIII, IX

Gewölbte Böden, deren Höhe H mindestens das 0,18fache des Bodendurchmessers D beträgt, müssen nach einer Ellipse oder nach einem Korbbogen geformt sein. Der Wölbungshalbmesser darf nicht größer als der äußere Bodendurchmesser D sein, der Krempenhalbmesser r nicht kleiner als $1/10\,D$.

Die Wanddicke s ist bei innerem Überdruck nach folgender Formel zu berechnen:

$$s = \frac{D \cdot p \cdot y}{200\,\frac{\sigma_{0,2}}{S_F}} + c \qquad \text{[mm]}$$

worin bedeuten:

s die Wanddicke in mm,
D den äußeren Bodendurchmesser in mm,
p den größten Betriebsüberdruck in kg/cm²,
y einen Formfaktor,

$\sigma_{0,2}$ die Berechnungsstreckgrenze in kg/mm² des verwendeten Werkstoffs bei der auf Grund der Kesselbetriebsverhältnisse anzunehmenden mittleren Wandungstemperatur,

S_F die rechnerische Sicherheit gegen bleibende Verformung,

c einen Zuschlag zur Wanddicke in mm.

Der Formfaktor y beträgt z. B. für Vollböden bei einem

Verhältnis der Höhe der Bodenwölbung zum äußeren Bodendurchmesser H/D	Formfaktor y
0,18	2,6
0,20	2,0
0,22	1,65
0,24	1,4
0,26	1,25
0,28	1,1
0,30	1,0
0,40	0,68
0,50	0,68

Gewölbte Böden unter äußerem Überdruck sind in der gleichen Weise zu berechnen wie bei Beanspruchung durch inneren Überdruck. Sie sind jedoch mit dem 1,4fachen der dabei erforderlichen Wanddicke auszuführen, wobei der Zuschlag c keine Erhöhung erfährt.

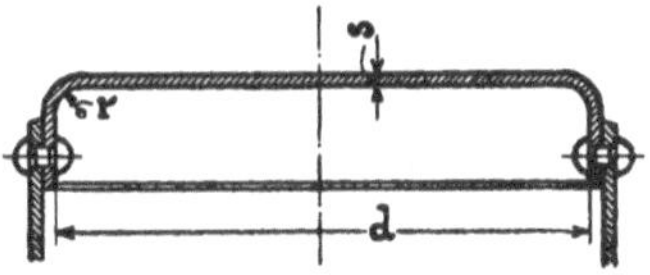

Abb. 40. Gekrempter ebener Boden

Für den Zuschlag c gilt im Regelfall

$c = 2{,}5$ mm für volle Böden und für Böden mit Durchbrechungen, deren größte Achse nicht größer ist als 200 mm,

$c = 3{,}5$ mm für Mannlochböden und Böden mit Durchbrechungen, deren größte Achse größer ist als 200 mm.

Gekrempte ebene Böden (vgl. Abb. 40) sind wie folgt zu berechnen: Die Blechdicke ist

$$s = \sqrt{\frac{3}{800} \cdot \frac{p}{K_z}} \left[d - r\left(1 + \frac{2r}{d}\right)\right] \qquad [\text{mm}],$$

Dabei bedeutet d den Innendurchmesser des Bodens in mm und r den inneren Wölbungshalbmesser der Krempe in mm, welcher mindestens wie folgt zu bemessen ist:

$$d = 300 \text{ bis } 350 \text{ mm}; \quad r_{\min} = 25 \text{ mm},$$
$$d = 400 \text{ bis } 550 \text{ mm}; \quad r_{\min} = 30 \text{ mm},$$
$$d = 600 \text{ bis } 2400 \text{ mm}; \quad r_{\min} = 35 \text{ mm},$$
$$d = 2450 \text{ bis } 3000 \text{ mm}; \quad r_{\min} = 40 \text{ mm}.$$

Für gewölbte Flammrohrböden mit Ein- oder Aushalsung für ein oder zwei Flammrohre gilt:

$$s = \frac{p \cdot r}{200 \cdot k} \qquad [\text{mm}],$$

wobei r den inneren Halbmesser in der Mitte der Wölbung in mm bezeichnet. k ist die zulässige Belastung $\leqq 7{,}5$ kg/mm². Bei Blechen mit 41—50 kg/mm² Festigkeit kann die errechnete Blechdicke im Verhältnis 36 : 41 verringert werden.

6. Berechnung ebener Wandungen

Bauvorschriften Abschn. VI A, VI B

Ebene Wandungen im Sinne dieser Berechnung sind z. B. die Platten, aus denen die Kammern von Kammerkesseln (vgl. Abb. 10 u. 21) hergestellt sind, ferner die Feuerbüchsen von Flammrohrschiffskesseln (vgl. Abb. 19) sowie die ebenen Böden dieser Kessel. Auch die Feuerkisten von Lokomotivkesseln sind dazu zu rechnen.

Die Blechdicke s einer verankerten ebenen Wand ist wie folgt zu berechnen:

$$s = c\sqrt{p(a^2 + b^2)} \qquad [\text{mm}],$$

wobei a den Abstand der Stehbolzen oder Anker innerhalb einer Reihe voneinander in mm, b den Abstand der Stehbolzenreihen oder Ankerreihen voneinander in mm bedeutet. Der Zahlenwert c ist zu wählen:

$c = 0{,}017$ bei Platten, in welche die Stehbolzen oder Anker eingeschraubt und vernietet sind und welche von den Heizgasen und vom Wasser berührt werden.

$c = 0{,}015$, wenn solche Platten nicht von den Heizgasen berührt werden.

$c = 0{,}0155$ bei Platten, in welche die Stehbolzen oder Anker eingeschraubt und außen mit Muttern oder gedrehten Köpfen versehen sind und welche von den Heizgasen und vom Wasser berührt werden.

$c = 0{,}0135$, wenn solche Platten nicht von den Heizgasen berührt werden.

$c = 0{,}014$ bei Platten, welche durch Ankerrohre versteift sind.

Bei Platten, deren Anker mit Muttern und Verstärkungsscheiben versehen sind, ist

$c = 0{,}013$, sofern der Durchmesser der äußeren Verstärkungsscheibe $^2/_5$ der Ankerentfernung und die Scheibendicke $^2/_3$ Plattendicke,

$c = 0{,}012$, sofern der Durchmesser der äußeren Verstärkungsscheibe $^3/_5$ der Ankerentfernung und die Scheibendicke $^5/_6$ der Plattendicke,

$c = 0{,}011$, sofern der Durchmesser der äußeren Verstärkungsscheibe $^4/_5$ der Ankerentfernung, auch diese mit der Platte vernietet und die Scheibendicke gleich der Plattendicke ist

und die Platten nicht vom Feuer berührt sind. Werden sie dagegen auf der einen Seite von den Heizgasen, auf der andern Seite vom Dampf berührt, dann sind sie, falls sie nicht durch

Flammenbleche geschützt sind, um $^1/_{10}$ dicker zu nehmen, als die Rechnung ergibt.

Bei unregelmäßig verteilten Verankerungen wie in Bild 41 ist

$$s = c \cdot {}^1/_2 (d_1 + d_2) \sqrt{p} \qquad [\text{mm}].$$

Der Wert c ist hierbei den obigen Angaben zu entnehmen.

Für Verstärkungen nicht dem ersten Feuer ausgesetzter ebener Platten durch Doppelungsplatten können $12^1/_2\%$ von den für die ebenen Platten sich ergebenden Blechdicken in Abzug gebracht werden, wenn die Dicke der Doppelungsplatten mindestens $^2/_3$ der berechneten Blechdicke beträgt und die Doppelungen gut mit den Platten vernietet sind.

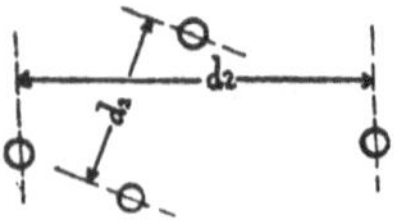

Abb. 41. Unregelmäßig verteilte Verankerung

Rechteckige Platten, die am Umfange befestigt sind, erhalten die Wanddicke

$$s = 0{,}053\, b \sqrt{\frac{p}{k_{zul}\left[1 + \left(\frac{b}{a}\right)^2\right]}} \qquad [\text{mm}].$$

Hierin bedeuten:

- s die Wanddicke in mm,
- a die größere Rechteckseite in mm,
- b die kleinere Rechteckseite in mm,
- p den größten Betriebsüberdruck in kg/mm²,
- k_{zul} die zulässige Zugbeanspruchung des Werkstoffes in kg/mm², wofür höchstens $^1/_4$ der Berechnungsfestigkeit eingeführt werden darf.

Bei Platten, die nicht durch Stehbolzen oder Längsanker, sondern durch Eckanker oder in anderer Weise ausreichend unterstützt werden, ist die Wanddicke nach

$$s = 0{,}017\, d \sqrt{p} \qquad [\text{mm}]$$

zu bemessen, sofern nicht nachgewiesen wird, daß eine kleinere Wanddicke zulässig ist. Hierin bedeutet:

d den Durchmesser des größten Kreises in mm, der nach Maßgabe der Abb. 42 bis 45 auf der ebenen Platte, durch die Befestigungsstellen gehend, beschrieben werden kann.

Vorstehende Ausführungen gelten nur für Wandungen aus Flußstahl. Werden Bleche von 41—50 kg/mm² Zugfestigkeit

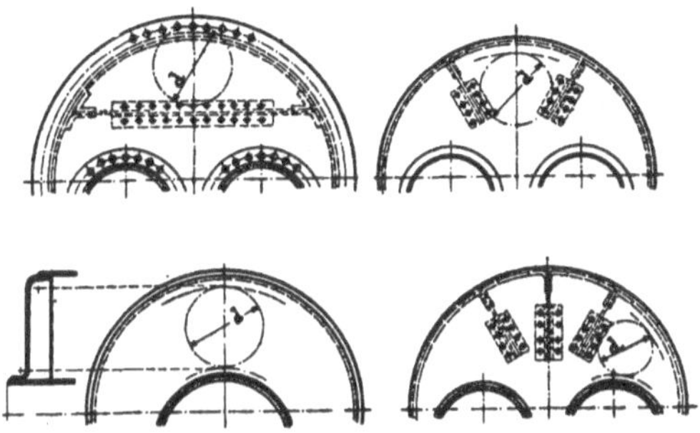

Abb. 42—45. Beispiele ebener Wandungen

verwendet, so kann die nach den Formeln errechnete Blechdicke noch mit $\sqrt{36 : 41} = \sim 0{,}94$ multipliziert werden.

7. Rohrplatten von Heizrohrkesseln

Bauvorschriften Abschn. VI C

Die außerhalb des Rohrbündels liegenden Teile der Rohrplatte müssen nach den für ebene Wandungen (vgl. Abschn. 6, S. 108) geltenden Bestimmungen verankert werden, falls die Größe der dem Dampfdruck ausgesetzten Fläche die Verankerung fordert.

Die innerhalb des Rohrbündels liegenden Teile der Rohrplatte sind wie folgt zu bemessen:

a) Bei Verwendung besonderer Anker oder mit Gewinde eingesetzter Ankerrohre sind die Formeln des vorhergehenden Abschnittes anzuwenden. Die Rohre können in diesem

Falle einfach aufgewalzt sein, jedoch darf die Wanddicke s der Platten in mm der sicheren Befestigung halber

bei Flußstahlplatten

nicht unter $s = 5 + \frac{d}{8}$ für $d = 38$ bis etwa rd. 100 mm,

bei Kupferplatten

nicht unter $s = 10 + \frac{d}{5}$ für $d = 38$ bis etwa rd. 75 mm

gewählt werden, worin d den äußeren Rohrdurchmesser an der Befestigungsstelle in mm bedeutet; ferner muß der Mindestquerschnitt des Steges zwischen zwei Rohrlöchern betragen:

bei Flußstahlplatten

180 mm² für $d = 38$ mm,

zunehmend auf etwa das 2,5-fache für $d =$ rd. 100 mm,

bei Kupferplatten

340 mm² für $d = 38$ mm,

zunehmend auf etwa das 2,5-fache für $d =$ rd. 75 mm.

b) Bei nicht besonders verankerten Rohrwänden ist unter der Voraussetzung geeigneter Werkstoffe, bester Ausführung und normaler Betriebsverhältnisse Sicherheit gegen Herausziehen der Rohrenden zu erwarten, wenn die auf 1 cm Rohrumfang entfallende Belastung σ den Betrag von 40 kg bei denjenigen Rohrenden nicht überschreitet,

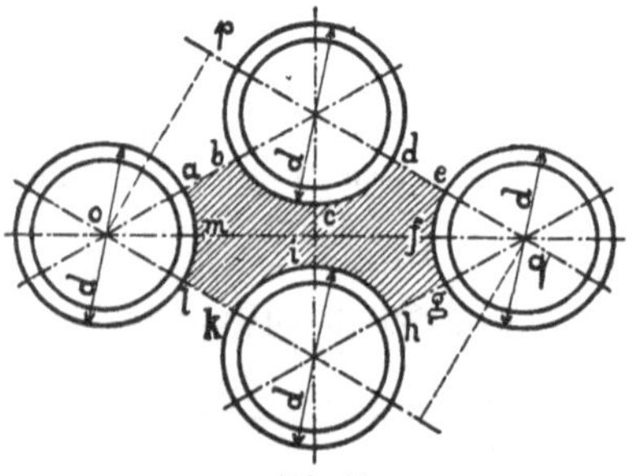

Abb. 46

welche in zylindrischen Löchern glatt oder mit Rillen eingewalzt sind, und den Betrag von 50 kg bei denjenigen Rohrenden nicht überschreitet, welche an einem Ende in zylindrischen Löchern eingewalzt und umgebördelt sind. Sind die Rohre an beiden Enden umgebördelt, so kann σ bis zu einem Betrage von 70 kg zugelassen werden. Bei ungleichen benachbarten Rohrplattenfeldern darf das Mittel aus den einzelnen Beanspruchungen obige Werte nicht überschreiten. Bei der Berechnung von Rohrplattenrandfeldern, die besonders sorgfältig zu prüfen sind, kann die Belastung bis zur Hälfte als durch die unmittelbar angrenzende Kesselwand aufgenommen angesehen werden.

c) Die Biegungsspannung k_b des Plattenwerkstoffes innerhalb des Feldes *abcdefghiklm* (Abb. 46) ist durch die Formel

$$k_b = \frac{p}{360 \cdot \left(1 - 0{,}7 \frac{d}{e}\right) \cdot \left(\frac{s}{e}\right)^2} \qquad [\mathrm{kg/mm^2}]$$

nachzuprüfen. Hierin bedeuten:

- s die Plattendicke in mm,
- p den größten Betriebsüberdruck in kg/cm²,
- d den äußeren Rohrdurchmesser an der Befestigungsstelle in mm,
- e die Seite des quadratischen Feldes in mm, welches durch die vier unterstützenden Rohre gebildet wird, oder das arithmetische Mittel aus den Seiten des Rechtecks, welches durch die vier Rohre bestimmt erscheint

$$\left(\text{in Abb. 46: } e = \frac{\overline{op} + \overline{pq}}{2}\right)$$

- k_b die eintretende Biegungsspannung des Plattenwerkstoffes in kg/mm², die bis zur Höhe $= \frac{\text{Zugfestigkeit}}{4{,}5}$ zulässig erscheint, bei ungünstigen Betriebsverhältnissen aber geringer gewählt werden sollte.

Ist bei Feuerbüchsen die Decke nicht durch Anker oder in anderer Weise mit dem Kesselmantel verbunden, sondern durch Bügel- oder Deckenträger unterstützt, welche auf den

Rändern der Rohrplatten stehen, dann darf die Dicke der Rohrwand nicht geringer sein als

$$s = \frac{p \cdot w \cdot b}{1900\,(b - d)} \qquad [\mathrm{mm}]$$

worin bedeuten:

w die Weite der Feuerbüchse in mm,
b die Entfernung der Rohre voneinander, von Mitte zu Mitte gemessen, in mm,
d den Innendurchmesser der Rohre in mm.

8. Vierkantrohre

Bauvorschriften Abschn. VI D]

Glatte ungewellte Vierkantrohre finden hauptsächlich als Sammelkästen für Feuerraumkühlsysteme, Überhitzer und Stahlekonomiser Verwendung. Abb. 47 zeigt einen solchen

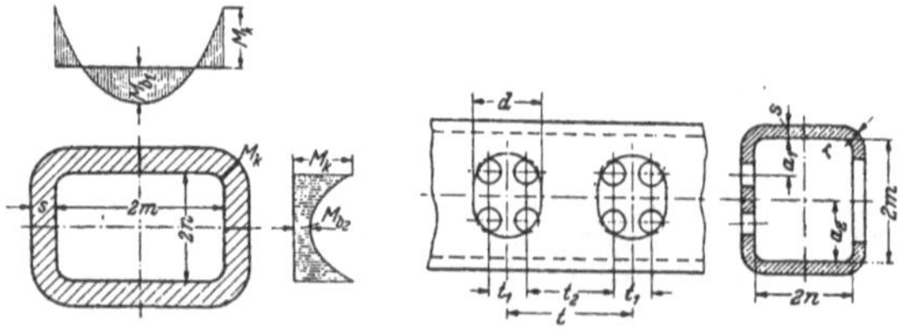

Abb. 47. Glatte Vierkantrohre mit Bohrungsreihen

Vierkantkasten für Überhitzer und die auftretenden Beanspruchungen. Die stärksten Kräfte treten bei glatten Vierkantrohren in den Mitten der größten Seiten bzw. in den Stegen zwischen den Bohrungen sowie an den Kanten auf. Die Wanddicke ist für die Seitenmitte und für die Stege zwischen den Bohrungen zu berechnen. Die sich rechnerisch ergebende größte Wanddicke ist für die Wanddickenbemessung der ganzen Kammer maßgebend. In der folgenden Berechnungsweise ist vorausgesetzt, daß die Dampfstutzen sorgfältig eingesetzt sind, so daß die Wandung genügend versteift ist und an diesen Stellen keine unzulässigen Beanspruchungen auftreten können.

Die Wanddicke ist nach folgender Formel zu berechnen:

$$s = \frac{p}{k} \cdot \frac{n}{200 \cdot \varphi} + \sqrt{\frac{6M}{100 \cdot \varphi'} \cdot \frac{p}{k}} \quad \text{[mm]}.$$

Hierin bedeuten:

s = Wanddicke in mm,
p = größter Betriebsdruck in kg/cm^2,
k = zulässige Beanspruchung des Werkstoffes in kg/mm^2,
$2m$ = lichte Weite des Vierkantrohres parallel zu der untersuchten Wand, gemessen in mm,
$2n$ = lichte Weite des Vierkantrohres senkrecht dazu, in mm,
φ u. φ' = Schwächungsfaktoren in den Bohrungsreihen,
M = das in der Seitenmitte bzw. in der Mittellinie der Bohrungen bei 100 kg/cm^2 Überdruck je Längeneinheit auftretende Biegungsmoment in mm^2.

Sind mehrere verschiedenartige Bohrungsreihen vorhanden so ist die erforderliche Wanddicke für jede Reihe festzustellen.

Der zulässige Druck ist unter Benutzung der folgenden Formeln nachzuprüfen:

$$p = 100 \cdot k \cdot \frac{s^2}{\frac{6M}{\varphi'} + \frac{s \cdot n}{\varphi}} \quad [\text{kg/cm}^2].$$

Die Berechnung des Biegungsmomentes M ist nach folgenden Näherungsformeln zulässig:

Seitenmitte: $M = A - \frac{m^2}{2} = B.$

Beliebige Bohrungsreihe:

$$M = A - \frac{1}{2}(\mathrm{m}^2 - c^2) = B + \frac{c^2}{2}.$$

Darin ist einzusetzen

$$A = \frac{1}{3} \cdot \frac{m^3 + n^3}{m + n}.$$

Bei Vierkantrohren mit quadratischem Querschnitt ergibt sich

$$A = \tfrac{1}{3} m^2.$$

Wird M negativ, so ist das Vorzeichen in obigen Formeln für s und p unberücksichtigt zu lassen. Die zulässige Beanspruchung k ist so zu wählen, daß eine 1,1fache Sicherheit gegen Erreichen der Streckgrenze bzw. der Dauerstandfestigkeit bei Betriebstemperatur vorhanden ist. Als Betriebstemperatur ist bei unbeheizten Teilen die Temperatur des durchströmenden Wassers oder Dampfes, bei beheizten Teilen aber eine um 50° C höher liegende Temperatur anzunehmen. Bei unlegiertem Flußstahl dürfen in Abhängigkeit von der Betriebstemperatur für die Streckgrenze bzw. Dauerstandfestigkeit folgende Werte eingesetzt werden:

Festigkeitsgruppe kg/mm²	35—45	41—50	44—53	47—56
Betriebstemperatur °C	zulässiger Wert k in kg/mm²			
100	20	22	23	24
200	18	20	21	22
300	14	16	17	18
400	8,5	10	11	12
450	5,5	6,5	7,5	8,5

Ist eine einzige Bohrungsreihe vorhanden oder sind mehrere Bohrungsreihen so angeordnet, daß die Bohrungen auf gleicher Höhe nebeneinander liegen, so sind die Schwächungsfaktoren φ und φ' wie folgt zu ermitteln:

$$\varphi = \frac{t - d}{t}$$

$$\varphi' = \frac{t - d}{t} \text{ bei Bohrungen } d < m$$

$$\varphi' = \frac{t - {}^2/_3 \cdot d}{t} \text{ bei Bohrungen mit } m \leqq d < 1{,}3\, m$$

$$\varphi' = \frac{t - {}^1/_3 \cdot d}{t} \text{ bei Bohrungen mit } d \geqq 1{,}3\, m.$$

Bei ovalen Bohrungen ist bei der Berechnung der Werte φ und φ' für d die lichte Weite der Bohrung in Kammerlängsrichtung einzusetzen; zur Feststellung, welche von den drei Formeln für φ' anzuwenden ist, ist jedoch in den Beziehungen

$$d < m$$
$$m \leqq d < 1{,}3\, m$$
$$d \geqq 1{,}3\, m$$

für d die lichte Weite der Bohrung in der Querrichtung zur Kammerlängsachse einzusetzen.

Sind die Abstände der Bohrungen voneinander nicht gleich, so ist in die Gleichung für den Schwächungsfaktor als Teilung t das arithmetische Mittel der aufeinanderfolgenden ungleichen Teilungen einzusetzen.

Um eine unzulässige Beanspruchung an den Kanten zu vermeiden, ist die Bedingung zu erfüllen:

$$r > \tfrac{1}{3}\, s > 8 \text{ mm},$$

wobei das arithmetische Mittel der zu beiden Seiten in den Kanten vorhandenen Nennwanddicken maßgebend ist. Die Wanddicke an den Kanten darf die nach der Gleichung für s errechnete Wanddicke nicht überschreiten.

Die Wanddicken s solcher Vierkantrohre, die zur Herstellung von gewellten Teilkammern dienen, sollen bei

Verwendung eines Werkstoffes von 41 bis 50 kg/mm² Festigkeit mindestens der nachstehenden Zahlentafel entsprechen:

Lichte Flächenbreite	Ungebohrte Seite							Gebohrte Seite						
	Wanddicke *s* in mm bei einem Betriebsdruck bis													
mm	22 kg/cm²	28 kg/cm²	36 kg/cm²	50 kg/cm²	60 kg/cm²	80 kg/cm²	100 kg/cm²	22 kg/cm²	28 kg/cm²	36 kg/cm²	50 kg/cm²	60 kg/cm²	80 kg/cm²	100 kg/cm²
110	8,5	10,0	11,0	13,0	14,5	16,5	18,5	10,5	12,0	13,5	16,0	17,5	20,0	22,5
115	9,0	10,0	11,5	13,5	15,0	17,0	19,0	11,0	12,5	14,0	16,5	18,5	21,0	23,5
120	9,5	10,5	12,0	14,0	15,5	18,0	20,0	11,5	13,0	15,0	17,5	19,0	22,0	24,5
125	10,0	11,0	12,5	14,5	16,0	18,5	20,5	12,0	13,5	15,5	18,0	20,0	23,0	25,5
130	10,0	11,5	13,0	15,5	16,5	19,5	21,5	12,5	14,0	16,0	19,0	20,5	23,5	26,5
135	10,5	12,0	13,5	16,0	17,5	20,0	22,5	13,0	14,5	16,5	19,5	21,5	24,5	27,5
140	11,0	12,5	14,0	16,5	18,0	20,5	23,0	13,5	15,0	17,0	20,5	22,0	25,5	28,5
145	11,5	13,0	14,5	17,0				14,0	16,0	18,0	21,0			
150	11,5	13,0	15,0	17,5				14,5	16,5	18,5	21,5			
155	12,0	13,5	15,5	18,0				15,0	17,0	19,0	22,5			

Bei Verwendung eines anderen Werkstoffes mit einer anderen Zugfestigkeit K_z (kg/mm²) sind die Werte der Zahlentafel mit $\sqrt{41/K_z}$ zu multiplizieren.

Die Stegbreite zwischen zwei Verschluß- oder Rohrlöchern darf nicht kleiner sein als $^1/_4$ der Rohrmittenentfernung. Die in der Zahlentafel angegebenen Wandstärken gelten auch für die ungewellten glatten Enden der Teilkammern. Ist der innere Radius der Kanten größer als $^1/_{10}$ der lichten Flächenbreite, so ist eine Verringerung der Wandstärke um 10 vH zulässig.

9. Schrauben und Verschraubungen

Bauvorschriften Abschn. X

Die folgenden Vorschriften gelten für Schrauben und Verschraubungen an Dampfkesseln, Dampfüberhitzern, Speisewasservorwärmern sowie an dampf- und wasserführenden Rohren, die zwischen dem Speiswassereintrittsventil vor dem Vorwärmer (bzw. vor dem Kessel) und dem Heißdampfaustrittsventil (bzw. Sattdampfaustrittsventil) liegen.

Der Schraubenstahl darf durch die höchste im Betrieb mögliche Temperatur nicht geschädigt und durch rasche Abkühlung von dieser Temperatur nicht spröde werden. Schrauben und Verschraubungen können hergestellt werden aus unlegiertem oder legiertem Flußstahl. Kaltgezogener Stahl darf ungeglüht nicht verwendet werden. Unlegierte Stähle mit einer Zugfestigkeit über 85 kg/mm² sind möglichst nicht zu verwenden. Für besondere Fälle, in denen Zugfestigkeiten von mehr als 85 kg/mm² benötigt werden, sind legierte Stähle zu wählen. Die Muttern sind aus einem anderen Werkstoff wie die Bolzen herzustellen.

Verschraubungen, die lösbar bleiben müssen, sollen von heißen Gasen nicht bestrichen werden. Schrauben unter $^5/_8{}''$ Außendurchmesser sind möglichst zu vermeiden, Schrauben unter $^1/_2{}''$ Außendurchmesser sind unzulässig.

Im folgenden sind bezeichnet mit:

- P die Gesamtbelastung der Verschraubung in kg,
- n die Anzahl der Schrauben,
- P_1 der auf eine Schraube entfallende Teil der Gesamtbelastung in kg,
- d der Durchmesser des Schraubenkernes in mm,
- d_0 der rechnerische Rohdurchmesser der Schraube,
- k_s die Berechnungsstreckgrenze des Schraubenwerkstoffes in kg/mm²,
- K_z die Zugfestigkeit des Schraubenwerkstoffes in kg/mm²,
- x ein Zahlenbeiwert, der in der Formel das Verhältnis zwischen k_s und der rechnerisch zulässigen Beanspruchung des Werkstoffes ausdrückt,
- φ ein Zahlenbeiwert, der die Güte der werkstattechnischen Ausführung und bei höheren Temperaturen die hierdurch bedingte Erhöhung des allgemeinen Gefahrenmomentes berücksichtigt.

Bei kreisrunder Anordnung der Schrauben und gleichmäßiger Verteilung ist die Belastung der einzelnen Schraube

$$P_1 = \frac{P}{n} \qquad [\text{kg}].$$

Bei rechteckigen und ovalen Platten kann — gleiche Schraubenteilung vorausgesetzt — angenommen werden, daß die am stärksten belastete Schraube die Last

$$P_1 = \frac{P \cdot e}{2\pi \cdot r} \qquad [\mathrm{kg}]$$

zu übernehmen hat.

Hierin bedeuten:

r den geringsten Abstand der Schrauben vom Schwerpunkt der gedrückten rechteckigen oder ovalen Fläche in mm,
e die Schraubenteilung in mm.

Der Durchmesser des Schraubenkerns d und der rechnerische Rohdurchmesser der Schrauben d_0 stehen von 10 bis 60 mm Kerndurchmesser in folgendem Zusammenhang:

$$d = \frac{d_0 + 6}{1{,}1} \qquad [\mathrm{mm}].$$

Bei allen Schrauben mit 60 mm Kerndurchmesser und mehr ist $d = d_0$.

Die Werte für die Berechnungsstreckgrenze k_s werden bei unlegiertem und unvergütetem Flußstahl bei Betriebstemperaturen bis 200° C der folgenden Zahlentafel entnommen:

K_z kg/mm²	bis 40	über 40—45	über 45—50	über 50—55	über 55—60	über 60—70	über 70—85
k_s kg/mm²	22	23	26	28	31	34	40

Bei Temperaturen über 200° C muß die Warmstreckgrenze berücksichtigt werden. Sie kann bis 450° C Betriebstemperatur aus der Kaltstreckgrenze so berechnet werden, daß für je 20° C Mehrtemperatur über 200° C eine Minderung von 4 vH angenommen wird.

Der Zahlenwert x kann in der Regel bei unlegiertem und unvergütetem Flußstahl mit 2,5 gewählt werden. Bei Sonderwerkstoffen, deren besondere Festigkeitseigenschaften nachgewiesen sind, kann vorläufig x bis auf 2 herabgesetzt werden.

Der Zahlenwert φ nimmt je nach den zu erwartenden Betriebstemperaturen und Güte der werkstattechnischen Ausführung die folgenden Werte an:

Fall 1: Bis 200° C zulässig; rohe Ausführung der Schrauben, Muttern, Schraubensitze und Dichtungsfläche; Kesseldruck nicht über 8 kg/cm²: $\varphi_1 = 0{,}5$

Fall 2: Bis 300° C zulässig; gute Ausführung der Schrauben und Muttern, bearbeitete Dichtungsflächen: $\varphi_2 = 0{,}75$

Fall 3: Bis 300° C zulässig; gute Ausführung der Schrauben und Muttern, gut bearbeitete Sitze und Dichtungsflächen: $\varphi_3 = 1$

Fall 4: Über 300° C zulässig; gute Ausführung der Schrauben und Muttern, gut bearbeitete Sitze und Dichtungsflächen:
$$\varphi_4 = 1 - 0{,}04 \left(\frac{t - 300}{20}\right)$$

Der Durchmesser des Schraubenkerns d ergibt sich aus:

I. $$d_0^2 = \frac{P_1 \cdot 4 \cdot x}{k_s \cdot \pi \cdot \varphi}$$

II. $$d^2 = \left(\frac{d_0 + 6}{1{,}1}\right)^2.$$

Hieraus folgt der Durchmesser d des Schraubenkerns bei Durchmessern bis 60 mm zu

$$d = \sqrt{1{,}05 \frac{x}{\varphi} \cdot \frac{P_1}{k_s}} + 5{,}5 \qquad [\text{mm}].$$

Ergibt sich der Kerndurchmesser der Schrauben $d \gtreqless 60$ mm, so kann d unmittelbar aus Formel I berechnet werden, da dann d gleich d_0 gesetzt wird.

Bei Temperaturen über 450° C ist die höchste Beanspruchung des Schraubenwerkstoffes aus den gewählten Abmessungen zu errechnen und mit der Dauerstandfestigkeit des verwendeten Werkstoffes zu vergleichen. Die höchste auftretende Spannung muß in ausreichendem Maße unterhalb der Dauerstandfestigkeit bei der höchsten Betriebstemperatur liegen.

10. Anker und Stehbolzen

Bauvorschriften Abschn. XI

Bei der Berechnung der Ankerbelastung darf die etwaige unterstützende Wirkung anderer Kesselteile berücksichtigt werden.

Die zulässige Spannung soll bei geschweißten Ankern und Stehbolzen aus Schweißstahl 3,5 kg/mm², bei ungeschweißten Ankern und Stehbolzen aus Schweißstahl 5 kg/mm², bei ungeschweißten Ankern und Stehbolzen aus Flußstahl 6 kg/mm², bei Ankern und Stehbolzen aus Kupfer für Dampftemperaturen bis 200° C 4 kg/mm², bei Ankerrohren im Kernquerschnitt des Gewindes 5,3 kg/mm² nicht überschreiten.

Es empfiehlt sich, die mit Muttern versehenen Längsanker mit Gewinde in die Stirnplatten oder Rohrplatten einzuschrauben, außerdem nicht nur außen, sondern auch innen mit Unterlegscheiben und mit Muttern zu versehen. Die Ankerrohre sind mit Gewinde einzuziehen und aufzuwalzen.

Die Länge der Eckanker soll so groß wie irgend möglich sein.

Es empfiehlt sich, in Dampfkesseln mit Flammrohren diejenigen Niete, welche die Eckanker mit der Stirnplatte verbinden, mindestens 200 mm vom Flammrohrumfang abstehen zu lassen.

Der Querschnitt der Eckanker soll im Verhältnis ihrer Neigung zur Kesselachse größer werden als derjenige der Längsanker.

Die zur Befestigung der Eckanker dienenden Bolzen und Niete sind den wirkenden Kräften entsprechend reichlich zu bemessen.

Werden ebene Stirnwände durch Aufnieten von I-Trägern u. dergl. versteift, so sollen diese ihre Belastung möglichst unmittelbar auf den Kesselmantel übertragen.

Bei der Versteifung feuerberührter ebener Flächen durch Stehbolzen sollte der Stehbolzenabstand im allgemeinen nicht größer als 200 mm sein.

11. Bügel- oder Deckenträger von Feuerbüchsendecken

Bauvorschriften Abschn. XII

Die freitragenden, nicht aufgehängten Träger sind wie ein Balken zu berechnen, der auf die Entfernung l (vgl. Abb. 48

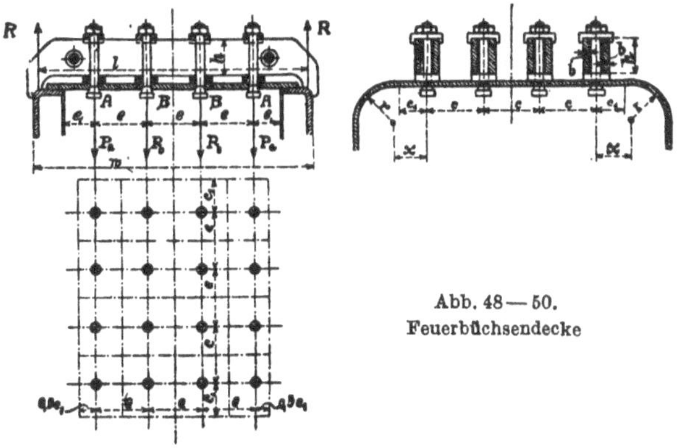

Abb. 48—50.
Feuerbüchsendecke

bis 50) frei aufliegt und an den Stützstellen der Decke durch die Kräfte belastet wird, welche sich für die auf ihn entfallenden Deckenfelder ergeben.

Die Tragfähigkeit des Deckenbleches kann in Rechnung gestellt werden.

Werden die Deckenträger aufgehängt, so sind sie den veränderten Belastungsverhältnissen entsprechend zu berechnen.

Die Tragfähigkeit des Deckenbleches kann in Rechnung gesetzt werden. Es empfiehlt sich, die durch das Deckenblech bewirkte Erhöhung der Widerstandsfähigkeit der Konstruktion dadurch zu berücksichtigen, daß man das Widerstandsmoment des auf Biegung beanspruchten Deckenträgers entsprechend höher in die Rechnung einsetzt. Es kann zu diesem Zweck mit einem Koeffizienten z multipliziert werden, welcher etwa $^4/_3$ betragen kann. Danach ergibt sich die Berechnung des Deckenträgers wie folgt:

Unter den in den Abbildungen angenommenen Verhältnissen wird mit p als größtem Betriebsüberdruck (in kg/cm²) bei den zwei Randträgern

$$\text{die Kraft } P_a = \left(c_1 + \frac{c}{2}\right) \cdot \left(\frac{e_1}{2} + \frac{e}{2}\right) \cdot p \qquad [\text{kg}]$$

$$\text{die Kraft } P_b = \left(c_1 + \frac{e}{2}\right) \cdot e \cdot p \qquad [\text{kg}]$$

bei den Mittelträgern

$$\text{die Kraft } P_a = c \cdot \left(\frac{e_1}{2} + \frac{e}{2}\right) \cdot p, \qquad [\text{kg}]$$

$$\text{die Kraft } P_b = c \cdot e \cdot p, \qquad [\text{kg}]$$

die Auflagerkraft an den Trägerenden

$$R = P_a + P_b. \qquad [\text{kg}]$$

Das Maß c_1 bestimmt die Erstreckung desjenigen Teiles der Decke, welcher nach dem Rande zu seine Belastung auf den Randträger absetzt, im Durchschnitt c_1 etwa $= {^2/_3}\, x$.

Das größte Biegungsmoment im Querschnitt bei B und in den Querschnitten zwischen BB ist

$$M_b = R\left(\frac{l}{2} - \frac{e}{2}\right) - P_a \cdot e.$$

Das Widerstandsmoment des Trägers zur Berechnung seines Querschnittes ergibt sich aus der Formel

$$M_b \leqq z \cdot W \cdot k.$$

Hierin bedeuten:

W Widerstandsmoment des Trägers in cm^3 (für rechteckigen Querschnitt, wie angenommen, ist $W = \frac{1}{3}\, b\, h^2$);

z der die Erhöhung der Widerstandsfähigkeit der Konstruktion durch das Deckenblech berücksichtigende Koeffizient, dessen Wert etwa $\frac{4}{3}$ betragen kann;

k die zulässige Biegungsbeanspruchung des Trägerwerkstoffes in kg/cm^2, die für zähen Werkstoff (Schweißstahl, Flußstahl, Stahlguß) zu $\frac{1}{4}$ der Zugfestigkeit in Rechnung gestellt werden darf. Falls ein Nachweis der Zugfestigkeit nicht vorliegt, kann für die genannten Werkstoffe $k = 900$ kg/cm^2 eingeführt werden.

12. Mannlöcher

Bauvorschriften Abschn. XIII

Im allgemeinen sollen die ovalen Mannlöcher 300 mm mal 400 mm weit sein; hiervon ist nur dann abzuweichen, wenn sich derart bemessene Mannlöcher nur schwierig anbringen lassen. Die kleinste zulässige Weite ist in diesem Ausnahmefall 280 mm × 380 mm, vgl. Abb. 51—52.

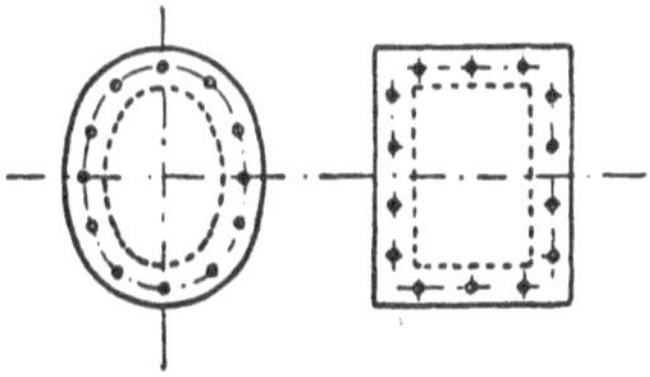

Abb. 51—52. Mannlochformen

Die Ränder der Mannloch- und sonstigen Ausschnitte sind stets dann wirksam zu versteifen, wenn durch das Einschneiden der Löcher eine unzulässige Verschwächung des Bleches gegenüber dem beabsichtigten Druck eintritt, oder wenn zu befürchten steht, daß das Blech durch das Anziehen der Bügel u. dgl. durchgespannt wird.

18. Kessel- und Überhitzerrohre

Bauvorschriften III F

Die Wanddicke der Kessel- und Überhitzerrohre s ist wie folgt zu berechnen:

$$s = \frac{d_a}{\frac{200}{p} \cdot \frac{K}{S_F} + 1} \qquad \text{[mm]}$$

Hierin bedeuten:

p = größter Betriebsüberdruck in kg/cm² (Genehmigungsdruck),
K = Berechnungsfestigkeit bei der Wandtemperatur des Rohres im Betrieb,
S_F = Sicherheit gegen Verformung = 1,5.

Die Berechnungsfestigkeit K ist der folgenden Zahlentafel zu entnehmen. Sie entspricht bei 350° C der Warmstreckgrenze, bei 400° C der Dauerstandfestigkeit, zwischen 350 und 400° C einem Zwischenwert.

Berechnungsfestigkeit K für Kessel- und Überhitzerrohre

Kesselrohre

Genehmigungsdruck p / Sättigungstemperatur (= Wandtemperatur)			bis 40	64	80	100	125	160	200
		atü	bis 40	64	80	100	125	160	200
		°C	250	280	295	310	327	346	364
	Werkstoff								
Unbeheizte Kesselrohre	St 35.25	kg/mm²	17,0	15,8	15,2	14,5	13,8	12,8	11,6
	St 45.25	kg/mm²	19,0	17,8	17,2	16,5	15,8	14,7	13,4
Beheizte Kesselrohre	St 35.25	kg/mm²	15,6	14,3	13,2	11,8	10,5	9,4	7,9
	St 45.25	kg/mm²	17,6	16,4	15,4	13,8	12,4	11,0	9,3
	MnSt 45.25	kg/mm²	—	—	—	—	19,2	17,8	16,8

Überhitzerrohre

Wandtemperatur		°C	300	350	400	425	450	475	500	525	550
Überhitzerrohre	St 35.25	kg/mm²	15	12,5	9	7	5	4			
	St 45.25	kg/mm²	17	14,5	10	8	6	4			
	MnSt 45.25	kg/mm²	—	—	—	16	15	12	6		
	CrVSt 50.25	kg/mm²	—	—	—	—	—	15	12	9	7

Als Berechnungstemperatur ist einzusetzen:

a) für unbeheizte Rohre die Sättigungstemperatur bei dem entsprechenden Genehmigungsdruck,

b) für beheizte Rohre die mittlere Wandtemperatur bei einer Wärmebelastung von 400000 kcal/m²h,

c) für Überhitzerrohre eine Temperatur von 50° C über der Heißdampftemperatur bei Berührungsüberhitzern und von 75° C über der Heißdampftemperatur bei reinen Strahlungsüberhitzern.

Für Rohre, die stärkeren mechanischen und chemischen Angriffen ausgesetzt sind, kann ein entsprechender Wanddickenzuschlag erforderlich werden.

Die Wanddicke von stark beheizten Kesselrohren (z. B. bei einer Heizgastemperatur von mehr als 800° C) soll nicht mehr als 6 mm betragen.

G. Die Planung und wärmetechnische Berechnung einer Dampfkesselanlage

1. Allgemeines

Soll für irgendein industrielles Werk eine neue Dampfkesselanlage erstellt werden, so ist es zweckmäßig, sich vorher auf Grund eingehender Messungen Klarheit über die technischen Bedingungen zu verschaffen. Bei Ersatz alter Anlagen durch neue liegen in vielen Fällen genügend Aufschreibungen vor, die als Berechnungsunterlage ausreichen. Bei einer Neuanlage kann man durch Zusammenstellung des Energie- und Dampfbedarfes der einzelnen Betriebsabteilungen bzw. der Maschinen und Apparate einen Überblick gewinnen. Dabei ist es zweckmäßig, den Verlauf des Bedarfs in Abhängigkeit von der Betriebszeit festzustellen und sich über den erforderlichen Dampfdruck an den einzelnen Bedarfsstellen bzw. über die notwendigen Temperaturen Klarheit zu verschaffen. Ferner muß man beachten, daß durch die Jahreszeiten größere Verschiebungen eintreten. Im allgemeinen wird der Winter durch zusätzlichen Wärmebedarf für die Heizung und erhöhten Energiebedarf für die elektrische Beleuchtung erheblich größere Dampfverbräuche aufweisen. Aber auch Konjunktureinflüsse spielen oft eine erhebliche Rolle. Da nicht alle Dampfverbraucher gleichzeitig und mit ihrem Anschlußwert in Betrieb sind, ist die Summe der Einzelverbräuche mit einem „Gleichzeitigkeitsfaktor“ zu vervielfachen, der immer kleiner als 1 ist.

Für die Planung einer Dampfkesselanlage ist von entscheidender Bedeutung, ob es möglich ist, eine Kupplung von Kraft und Wärme durchzuführen. Diese kann durch Anzapfung erfolgen oder im Grenzfall als reiner Gegendruckbetrieb. Es gehören große Erfahrung und gutes Einfühlungsvermögen in die jeweiligen örtlichen Verhältnisse dazu, die günstigste Anordnung zu treffen. Dann können jedoch Ersparnisse bei der Gestaltung der Anlage und eine erhebliche Senkung der laufenden Betriebskosten erzielt werden. Daher ist es fast immer zweckmäßig und lohnend, einen Sachberater hinzuziehen. Genau so wie es selbstverständlich ist, sich für den Bau eines Gebäudes einen Architekten zu nehmen, muß es selbstverständlich werden, sich für die Erstellung einer Dampfkraftanlage einen sachverständigen Ingenieur zu verpflichten, zumal die technische Anlage häufig viel mehr kostet als das Gebäude und ständige Betriebskosten verursacht.

Für die Ausschreibung der Kesselanlage benötigt man folgende Unterlagen:

a) Dampfleistung der Dampfkesselanlage M in kg/h oder t/h. Die Dampfleistung ist — wie oben bereits angedeutet — am besten als Kurve über der Betriebszeit und ferner für die höchste und niedrigste Inanspruchnahme (z. B. Winter und Sommer) anzugeben.

b) Genehmigungsdruck p des Kessels in atü. Da dieser bereits etwa 10% höher ist als der Betriebsdruck am Überhitzeraustrittsstutzen (vgl. S. 11) und außerdem noch ein Druckabfall in den Rohrleitungen (z. B. zur Turbine) eintritt, ist ein entsprechender Zuschlag einzurechnen. Die genormte Druckstufenreihe für den Genehmigungsdruck ist zu berücksichtigen (vgl. S. 11).

c) Die Überhitzungstemperatur $t_ü$ in ^{0}C. Auch hier ist der Temperaturabfall, der in den Rohrleitungen zur Verbrauchsstelle (z. B. zur Turbine) entsteht, einzurechnen. Die Normung hat die Temperaturstufenreihe um je 25^0 springend festgelegt (vgl. S. 11).

d) Die Temperatur des Speisewassers beim Eintritt in den Kessel t_w, ferner die Art und Zusammensetzung des Wassers.

e) Zur Verfügung stehender oder in Aussicht genommener Brennstoff, möglichst mit Angabe des unteren Heizwertes und der Analyse. Für Wirtschaftlichkeitsberechnungen ist ferner der Preis in DM/t frei Kesselhaus anzugeben.

f) Lage und Ausrichtung des Kesselhausgrundstückes mit Angaben über Anschlußgleis oder sonstige Transportmöglichkeiten. Bei vorhandenem Kesselhaus dessen Abmessungen oder besser die Bauzeichnungen.
g) Angaben über spätere Erweiterungen.

Für die Planung ist zunächst zu untersuchen, ob und wie die verlangte Dampfleistung auf mehrere Kessel zu unterteilen ist. Mit Rücksicht auf notwendige Ausbesserungen u. dgl. wird man nach Möglichkeit mindestens zwei Kessel vorsehen. In der Regel wird das Angebot für die sog. Regelleistung M ausgearbeitet; eine Überlastung des Kessels um etwa 25% ist möglich. Die höchste Dauerleistung, die der Kessel, wenngleich mit schlechterem Wirkungsgrad, abgeben kann, ist also

$$M_h \cong 1{,}25\,M \qquad [\text{kg/h}].$$

Für die Beurteilung der Wirtschaftlichkeit des Betriebes ist der Dampfpreis P in DM/t ein wichtiges Merkmal. Er ergibt sich aus den Kohlekosten k (DM/t), dividiert durch die Verdampfungsziffer v (kg/kg)

$$P = \frac{k}{v} \qquad [\text{DM/t}].$$

Da andererseits $v = \frac{\eta \cdot H_u}{i}$ ist, so gilt:

$$P = \frac{k \cdot i}{\eta \cdot H_u} \qquad [\text{DM/t}].$$

Man sieht daraus, daß bei einer gegebenen Kohle die Kosten für 1 t Dampf um so kleiner werden, je größer der Wirkungsgrad η der Anlage ist. Bei der Planung der Anlage kann man durch entsprechende Wahl der Kesselbauart und der nachgeschalteten Hilfsheizflächen η sehr verschieden wählen. In solchen Gegenden, in denen die Brennstoffe teuer sind, weil der Antransport durch Bahn, Schiff oder Fuhrwerk erhebliche Aufwendungen verlangt, wird man daher die Anlage mit höherem Wirkungsgrad ausführen, auch wenn es teurer ist.

Betragen z. B. die Kohlekosten ab Zeche 33.— DM/t, die Fracht 9,— DM/t und der Umschlag im Werk 1,— DM/t, so ist der Gesamtpreis 43.— DM/t. Bei einer jährlichen durchschnittlichen Dampfleistung von beispielsweise 20 t/h und 300 Arbeitstagen zu je 12 Stunden Kesselbetrieb werden also insgesamt 72000 t/Jahr Dampf erzeugt, die bei 8facher Verdampfung 9000 t/Jahr Kohlen erfordern. Bei dem oben errechneten Preis der Kohle frei Kesselhaus entspricht das einem jährlichen Kohlenkonto von 387000.— DM. Gelingt es durch entsprechende Gestaltung des Kessels und Nachschaltung von Heizflächen, die Verdampfungsziffer auf 8,8 zu steigern, so sinkt der jährliche Kohlenbedarf auf 8200 t, entsprechend 352000,— DM. Die Ersparnisse betragen dann also 35000,— DM/Jahr. Je nachdem, in welcher Zeit die Abschreibung erfolgen soll und wie hoch der Zinssatz ist, kann also ein Mehrfaches dieser Summe zur besseren Ausgestaltung der Anlage benutzt werden.

Für die Beurteilung des Wirkungsgrades ist neben der Bauart und der Brennstoffsorte die Abgastemperatur hinter der Kesselanlage ein wichtiges Merkmal. Je mehr die in den Abgasen enthaltene Wärme durch Heizflächen ausgenutzt wird, desto höher ist der Wirkungsgrad. Im allgemeinen werden neuzeitliche Anlagen so ausgelegt, daß die Abgastemperatur etwa 180 bis 200° C beträgt. Bei außergewöhnlichen Kohlenkosten (z. B. in brennstoffarmen Ländern) geht man zuweilen unter diesen Wert herunter. Dabei ist jedoch zu beachten, daß Anfressungen durch Bildung von schwefliger Säure und Störungen infolge von Taupunktserscheinungen vermieden werden.

Für Anlagen, die in der Nähe oder sogar unmittelbar auf der Kohle gebaut und mit billigen Brennstoffen (z. B. Abfallbrennstoffen) betrieben werden, ist es unter Umständen wirtschaftlicher, auf die niedrige Abgastemperatur zu Ungunsten des Wirkungsgrades zu verzichten und dafür die Anlagekosten zu erniedrigen. Dasselbe kann auch bei hohen Kapitalkosten angezeigt sein.

Bei allen Kesselanlagen, auch solchen kleiner Leistung, ist angemessene Ausrüstung mit wärmetechnischen Meßinstrumenten anzustreben, da nur dann im Dauerbetrieb gute Betriebswirkungsgrade und richtige Kessel- und Feuerungsbedienung erreicht werden können[1]).

2. Beispiele für die Planung von kleinen Kesselanlagen

1. Beispiel. Es soll angenommen werden, daß elektrische Energie durch Anschluß an ein Überlandnetz zur Verfügung steht, so daß nur Dampf für Fabrikationszwecke (z. B. für Kochen, Dämpfen, Waschen, Bleichen oder dgl.) benötigt wird, und zwar im Mittel etwa 2 t/h mit Schwankungen, die nach oben und unten rd. 1 t/h betragen. Der im Betrieb verlangte Druck ist 3 atü. Über-

---

[1]) *K. Beck*, Gesichtspunkte für die wärmetechnische Überwachung kleiner Dampfkessel. Energie Jg. 1 (1949) S. 3. — *K. Beck*, Vom Nutzen der wärmetechnischen Kesselüberwachung. Energie Jg. 1 (1949) S. 31.

hitzung ist nicht erforderlich. Die Speisewassertemperatur ist 50° C. Als Brennstoff kommt Steinkohle in Betracht mit einem unteren Heizwert von $H_u = 7500$ kcal/kg.

In diesem Falle ist es zweckmäßig, den Kesseldruck nicht zu niedrig zu wählen. Erstens ist in kleinen Betrieben der Heizer häufig noch mit anderen kleinen Aufgaben beschäftigt, so daß eine gleichmäßige Bedienung mit konstantem Betriebsdruck nicht erwartet werden kann. Zweitens ist bei schwankenden Dampfbedarf eine möglichst große Speicherwirkung des Kessels anzustreben, um Ausfälle im Betriebe zu vermeiden. Das auf S. 25 wiedergegebene Beispiel über die Speicherwirkung zeigt die Bedeutung eines großen Wasserinhaltes des Kessels bei möglichst großem zulässigen Druckabfall. Es käme also ein Kesseldruck von etwa 8—10 atü in Frage. Dann hat man außerdem den Vorteil, daß man die Rohrleitungen nicht zu groß zu bemessen braucht. Ferner ist man gegebenenfalls einmal in der Lage, eine Dampfmaschine anzuschließen.

Der zweckmäßigste Kessel für den vorliegenden Fall dürfte der Flammrohrkessel sein. Wie die Tafel auf S. 27 zeigt, ist dessen spezifische Belastung etwa 20 bis 24 kg/m² h. Bei einem höchsten Dampfbedarf von $M = 2000 + 1000 = 3000$ kg/h würde sich also eine Heizfläche von $F_h = 3000 : 24 = 125$ m² ergeben. Mit Rücksicht auf Erweiterungen und Betriebssicherheit werden zwei Kessel von je 75 m² Heizfläche für 10 atü gewählt. Damit ist man in der Lage, in Zeiten schwacher Belastung mit einem Kessel allein den Betrieb aufrecht zu erhalten, während an dem andern Kessel die vorgeschriebenen und erforderlichen Reinigungen und Überholungen durchgeführt werden können.

Als Feuerung kommt für Steinkohle ein Planrost in Frage, und es ist zu prüfen, ob es sich lohnt, für den vorliegenden Fall statt Handbeschickung eine mechanische Beschickung (z. B. Wurffeuerung) zu wählen. Die durch letztere zu erwartende Steigerung des Wirkungsgrades beträgt mindestens 3%. Wenn also der Kessel im ersten Falle (bezogen auf Dauerbetrieb und ohne Berücksichtigung der Anheizverluste) erfahrungsgemäß einen Betriebswirkungsgrad von etwa 67 bis 70% erreicht, kann man bei mechanischer Beschickung etwa 70 bis 73% erwarten.

Die Erzeugungswärme ist

$$i = i_s - i_w = 664 - 50 = 614 \text{ kcal/kg}.$$

Dann wird die Verdampfungsziffer v beispielsweise für $\eta = 70\%$

$$v = \frac{\eta \cdot H_u}{i} = \frac{0{,}70 \cdot 7500}{614} = 8{,}55 \text{ kg/kg}.$$

Der Heizer hat also stündlich an Brennstoff aufzuwerfen

$$B_{mittel} = 2000 : 8{,}55 = 235 \text{ kg/h}.$$

Bei der höchsten Belastung von 3,0 t/h ist dagegen mit einem schlechteren Wirkungsgrad, z. B. $\eta_h = 67\%$, zu rechnen. Dann wird die Verdampfungsziffer $v_h = \frac{0{,}67 \cdot 7500}{614} = 8{,}18$ kg/kg und das aufzuwerfende Brennstoffgewicht beträgt:

$$B_{höchst} = 3000 : 8{,}18 = 367 \text{ kg/h}.$$

Diese Brennstoffmenge kann der Heizer gut von Hand bewältigen, zumal die Höchstbelastung nur vorübergehend auftritt.

Es ist ferner zu prüfen, ob es lohnend ist, hinter jedem Kessel noch einen Speisewasservorwärmer anzuordnen. Erfahrungsgemäß wird dadurch der Wirkungsgrad um etwa 7% gesteigert, d. h. im vorliegenden Fall von 70 auf 77%. Bei einer Jahresbetriebsdauer von 300 Tagen zu je 12 Kesselstunden und einem mittleren Dampfverbrauch von 2 t/h ist also die benötigte Jahresdampfmenge $= 300 \times 12 \times 2 = 7200$ t/Jahr. Bei der vorher ausgerechneten Verdampfungsziffer von $v = 8{,}55$ sind dafür $7200 : 8{,}55 = 842$ t Kohle erforderlich. Nach Einbau eines Speisewasservorwärmers und Verbesserung des Wirkungsgrades auf 77% steigt die Verdampfungsziffer auf 9,4 kg/kg und der Brennstoffbedarf geht auf 766 t herunter. Die Ersparnis beträgt also 76 t im Jahr bzw. in Geld gerechnet bei einem Preis von z. B. 43.— DM/t frei Kesselhaus, rd. 3300.— DM/Jahr.

Die obigen Wirkungsgrade sind, wie bereits erwähnt, auf den Dauerbetrieb bezogen und ohne Anheizverluste errechnet. Daher hätten bei der vorstehenden Rechnung die entsprechenden Kohlenmengen noch berücksichtigt werden müssen. Da diese aber in beiden Fällen praktisch gleich sind, konnte die Ersparnisrechnung in der vorstehenden einfachen Form durchgeführt werden.

Die Anheizkohlenmengen sind je nach der Art des Betriebes, der Ausstattung mit mehr oder weniger gut schließenden Schornsteinschiebern oder Klappen, der Einmauerung und Isolierung usw. außerordentlich verschieden und können in ungünstigen Fällen 10% des Kohlenkontos und mehr betragen.

2. Beispiel. In einem industriellen Unternehmen wird Dampf zur Erzeugung des erforderlichen Kraftbedarfs, für Fabrikationszwecke und zum Heizen benötigt. Die Untersuchung hat ergeben' daß mit erheblichem wirtschaftlichen Vorteil eine Kupplung von Kraft und Wärme durchführbar ist. Wenn man die Kesselanlage

für einen Dampfzustand von 16 atü und 350° C auslegt und die Turbine bei 2,5 atü anzapft, steht ein genügendes Wärmegefälle zur Erzeugung von Energie zur Verfügung. Um allen Möglichkeiten zu begegnen, werden ferner eine kleine Kondensationsanlage vorgesehen und eine Umgehungsleitung mit Druckminderanlage vom Kessel zum Fabrikationsbetrieb angeordnet. Der Dampfbedarf beträgt im Jahresmittel 6 t/h (im Winter 7 t/h, im Sommer 5 t/h) und weist erhebliche Schwankungen auf, die $\pm$ 2 t/h ausmachen können. Daraus ergibt sich der höchste Dampfbedarf, für den die Anlage bemessen werden muß, zu 9 t/h. Außerdem treten stoßartige Spitzen bis 10,5 t/h auf, die nur sehr kurz anhalten. Die Temperatur des Speisewassers ergibt sich aus den rücklaufenden Kondensaten von Turbine und Kochbetrieb sowie dem Zusatzwasser zu 60° C.

Als Brennstoff steht Steinkohle von H_u = 7500 kcal/kg zur Verfügung mit einem Preis von 40.— DM/t frei Kesselhaus.

Auch in diesem Falle wird eine Flammrohrkesselanlage die zweckmäßigste sein, da ein Kesseldruck von 16 atü noch ohne Schwierigkeit bei dieser Bauart bewältigt werden kann und der große Wasserinhalt andererseits gestattet, die auftretenden Schwankungen besser zu überwinden. Die kurzfristigen Spitzen über 9 t/h hinaus können daher außer Ansatz bleiben.

Bei einer spezifischen Dampfbelastung von 24 kg/m²h (vgl. Tafel S. 27) ist die erforderliche gesamte Kesselheizfläche

$$9000 : 24 = 375 \text{ m}^2.$$

Da Zweiflammrohrkessel nur bis zur Größe von 150 m² gebaut werden, kommen drei Kessel in Frage, die man mit Rücksicht auf spätere Erweiterungen etwa mit je 140 m² auslegt. Dann hat man gleichzeitig den Vorteil, daß im Sommer zwei Kessel in der Lage sind, ohne Überlastung den gesamten Betriebsdampf zu liefern. Wenn man ferner berücksichtigt, daß — wie bereits erwähnt — die Kessel auch eine 25% höhere Last zulassen, so kann man in besonderen Fällen (z. B. bei plötzlichen Reparaturen oder dgl.) vorübergehend auch im Winter den Betrieb nahezu voll mit zwei Kesseln machen. Die Leistung jedes Kessels beträgt also

$$M_{normal} = 3 \text{ t/h},$$
$$M_{höchst} = 3{,}75 \text{ t/h}.$$

Die Durcharbeitung des Projektes ergibt, daß es sich empfiehlt, Speisewasservorwärmer und mechanische Rostbeschicker vorzusehen. Der Wirkungsgrad für den Abnahmeversuch beträgt dabei 80% bei Regellast und 77% bei höchster Dauerleistung.

Die Erzeugungswärme ist $i = i_{ü} - i_{w1}$ und errechnet sich nach den Dampftafeln zu

$$i = 750 - 60 = 690 \text{ kcal/kg}.$$

Dann wird die Verdampfungsziffer

$$v = \frac{\eta \cdot H_u}{i} = \frac{0{,}80 \cdot 7500}{690} = 8{,}7 \text{ kg/kg}$$

und das zu verfeuernde Brennstoffgewicht für eine Dampfleistung von 6 t/h (Jahresmittel)

$$\frac{6000}{8{,}7} = 690 \text{ kg/h}.$$

Der jährliche Brennstoffbedarf wird unter Einrechnung von 10% für Anheizkohle usw. und bei 300 Arbeitstagen und 12stündigem Kesselbetrieb

$$B_{jährl.} = 1{,}10 \cdot \frac{300 \cdot 12 \cdot 690}{1000} = 2730 \text{ t/Jahr},$$

was bei dem Preis von 40,— DM/t einem Gesamtaufwand von

2730 · 40 = 109200,— DM/Jahr entspricht.

Der Überhitzer wird hinter den Flammrohren, der Speisewasservorwärmer am Kesselende angeordnet. Die für die Berechnung erforderlichen Rauchgastemperaturen sind auf Grund von Erfahrungen anzusetzen mit:

Überhitzereintritt	600° C,
Ekoeintritt	310° C.

Bevor die Berechnung für diese beiden Aggregate durchgeführt werden kann, ist es noch erforderlich, die Rauchgasmengen zu bestimmen. Bei den zur Verwendung kommenden mechanischen Rostbeschickern kann man mit einem mittleren CO_2-Gehalt der Rauchgase von 10% rechnen. Ist CO_{2max} des Brennstoffes z. B. = 18,0%, dann ist die Luftüberschußzahl aus der Gleichung $n = \frac{CO_{2max}}{CO_2} = \frac{18{,}0}{10} = 1{,}8$. Mit Hilfe der in Bd. I angegebenen Kurven kann man nunmehr unmittelbar über den Heizwert die Rauchgasmenge je kg Kohle in Nm³ (bezogen auf 0° C 760 mm QS) ablesen. Diese ist $V = 14{,}8$ Nm³/kg. Ferner benötigt man die mittleren spezifischen Wärmen c_{pm} (kcal/Nm³ ° C) der Rauchgase, die entweder aus der

Rauchgasanalyse berechnet (vgl. Bd. I) oder für verschiedene Brennstoffe aus Tafeln[1]) entnommen werden können.

Die im Überhitzer aufzunehmende Wärme ergibt sich zu

$$Q_ü = M\,(i_ü - i_s) + M \cdot w \cdot r \qquad [\text{kcal/h}]$$

wobei w die mitgerissene Wassermenge und r die Verdampfungswärme ist. w soll mit 0,5% eingesetzt werden (vgl. S. 19). Dann wird

$$Q_ü = 3000\,(750 - 667) + 3000 \cdot 0{,}005 \cdot 460$$
$$= 249000 + 7000 = 256000 \text{ kcal/h}.$$

Die Heizfläche des Überhitzers errechnet sich nach der Grundgleichung der Wärmeübertragung (vgl. S. 20) zu

$$F_ü = \frac{Q_ü}{\Delta t_m \cdot k} \qquad [\text{m}^2].$$

Hierin sind noch das mittlere Temperaturgefälle Δt_m (° C) und die Wärmedurchgangszahl k (kcal/m² h° C) unbekannt.

Von den im Überhitzer herrschenden Temperaturen sind bekannt die Temperatur des Sattdampfes $t_s = 204^0$ C (nach Dampftabellen), des überhitzten Dampfes $t_ü = 350^0$ C und die Temperatur der Rauchgase am Eintritt $t_{g_1} = 600^0$ C. Dagegen muß die Rauchgastemperatur am Austritt noch berechnet werden. Da die von den Rauchgasen abgegebene Wärme gleich der vom Dampf aufgenommenen ist, zuzüglich eines kleinen Zuschlages (etwa $z = 5\%$) für Verluste durch Mauerwerksabstrahlung, ergibt sich folgende Beziehung:

$$B \cdot \left(t_{g_1} \cdot c_{p_{m_1}} - t_{g_2} \cdot c_{p_{m_2}}\right) = Q_ü\,(1 + z).$$

Dabei ist die in einem Kessel verfeuerte Brennstoffmenge

$$B = \frac{M}{v} = \frac{3000}{8{,}7} = 345 \text{ kg/h}.$$

Die spez. Gasmenge V ist bekannt (vgl. oben) zu 14,8 Nm³/kg; für $t_g = 600^0$ C kann $c_{p_{m_1}}$ aus den Tafeln entnommen werden zu 0,342 kcal/Nm³ °C. Um $c_{p_{m_2}}$ festzustellen, muß t_{g_2} zunächst geschätzt werden; gegebenenfalls muß man später eine Korrekturrechnung machen; $c_{p_{m_2}}$ soll mit 0,338 eingesetzt werden. Dann ist:

$$345 \cdot 14{,}8\ (600 \cdot 0{,}342 - t_{g_2} \cdot 0{,}338) = 256000\ (1 + 0{,}05),$$

und t_{g_2} errechnet sich zu 452 °C.

---

[1]) Vgl. z. B. *K. Beck*, Zahlentafeln und Schaubilder aus der Wärmetechnik Halle 1949, Verlag Marhold.

Jetzt kann das mittlere Temperaturgefälle errechnet werden. Bei Gegenstrom (vgl. Bd. I) ist

$$\Delta t_m = \frac{\Delta_1 + \Delta_2}{2} = \frac{(600 - 350) + (452 - 204)}{2} = 249\ ^0\mathrm{C}.$$

Die Wärmedurchgangszahl k kann berechnet werden nach der Formel (vgl. Bd. I)

$$\frac{1}{k} = \frac{1}{\alpha_1} + \frac{\delta}{\lambda} + \frac{1}{\alpha_2},$$

wenn die Wärmeübergangszahlen α_1 und α_2 bekannt sind, oder aus den z. B. von *Münzinger*[1]) herausgegebenen Kurven und Werten für die jeweilige Rohranordnung in Abhängigkeit von Temperatur und Geschwindigkeit der Rauchgase.

Im vorliegenden Fall soll k auf Grund von Erfahrungen zu 25 kcal/m² h °C eingesetzt werden.

Nunmehr kann die Überhitzerheizfläche bestimmt werden zu

$$F_{\ddot{u}} = \frac{256000}{249 \cdot 25} = 41{,}2\ \mathrm{m}^2.$$

Für die Berechnung des Speisewasservorwärmers stehen folgende Daten zur Verfügung:

Speisewassermenge $M = 3000$ kg/h,
Speisewassertemp. am Eintritt $t_{w_1} = 60^0$ C,
Rauchgastemp. am Eintritt $t_{g_3} = 310^0$ C,
,, ,, Ende $t_{g_4} = 180^0$ C,
Rauchgasvolumen $= B \cdot V = 345 \cdot 14{,}8 = 5110$ Nm³/h,
Spez. Wärme der Rauchgase am Eintritt und Austritt bei
$t_{g_3} = 310^0$ C ; $c_{p_{m_3}} = 0{,}332$ kcal/Nm³ °C.
$t_{g_4} = 180^0$ C ; $c_{p_{m_4}} = 0{,}326$ kcal/Nm³ °C,

Zunächst muß die Speisewasseraufwärmung ermittelt werden, für die ebenso wie für den Überhitzer die Bedingung gilt, daß die von den Rauchgasen abgegebene Wärme gleich der vom Speisewasser aufgenommenen Wärme Q_w zuzüglich einem kleinen Zuschlag (z = etwa 5%) für Verluste durch Abstrahlung ist.

$$B \cdot V \cdot (t_{g_3} \cdot c_{p_m} - t_{g_4} \cdot c_{p_{m_4}}) = Q_w (1 + z),$$

wobei

$$Q_w = M\,(i_{w_2} - i_{w_1})$$

[1]) *F. Münzinger*, Dampfkraft. 3. Aufl. Berlin 1949. Verlag Springer.

ist. Im Gebiet der niedrigen Temperaturen kann man mit genügender Genauigkeit setzen (vgl. S. 7):

$$Q_w = M\,(t_{w_2} - t_{w_1}).$$

Man kann nunmehr die Speisewassertemperatur t_{w_2} am Austritt aus dem Eko aus der Gleichung berechnen:

$$M\,(t_{w_2} - t_{w_1})\,(1 + z) = B \cdot V\,(t_{g_3} \cdot c_{p_{m_3}} - t_{g_4} \cdot c_{p_{m_4}})$$

$$3000\,(t_{w_2} - 60)\,(1 + 0{,}05) = 345 \cdot 14{,}8\,(310 \cdot 0{,}332 - 180 \cdot 0{,}326)$$

und es ergibt sich:

$$t_{w_2} = 131^0\ \mathrm{C}.$$

Die Aufwärmung des Wassers ist also 71° C und Q_w ergibt sich zu

$$Q_w = M\,(t_{w_2} - t_{w_1}) = 3000 \cdot 71 = 213000\ \mathrm{kcal/h}.$$

Jetzt kann die mittlere Temperaturdifferenz Δt_m berechnet werden. Diese beträgt für

$$\text{Gegenstrom:}\quad \Delta t_m = \frac{(310 - 131) + (180 - 60)}{2} = 150^0\ \mathrm{C},$$

$$\text{Gleichstrom}^{1)}\text{:}\quad \Delta t_m = \frac{(310-60)-(180-131)}{\ln\dfrac{310-60}{180-131}} = \frac{250-49}{2{,}3 \cdot \lg\dfrac{250}{49}} = 124^0\ \mathrm{C}.$$

Man beachte den erheblichen Unterschied in der mittleren Temperaturdifferenz bei Gegen- oder Gleichstrom. Er wirkt sich naturgemäß auch auf die Heizflächengröße aus. Nach Möglichkeit ist Gegenstrom anzustreben.

Die Betriebs-Wärmedurchgangszahl bei Speisewasservorwärmern ist versuchsmäßig in Abhängigkeit von der Rauchgasgeschwindigkeit ermittelt worden und aus folgender Zusammenstellung zu entnehmen:

Rauchgas-geschwindigkeit m/s	Wärmedurchgangszahl k in kcal/m² h ° C	
	Verbandsrippenrohr	Hochleistungsrohr
4	9,3	11,8
6	11,0	14,2
8	12,4	16,0
10	13,6	17,3

[1]) Zu der Ausrechnung des mittleren Temperaturgefälles in der logarithmischen Gleichung braucht man für die Praxis keine Logarithmentafel. Man kann diese Ausrechnung stets mit dem Rechenschieber machen, auf dem ja die Brigg'schen Logarithmen stehen. Das wird genau genug.

Im vorliegenden Falle soll $k = 12$ kcal/m² h° C als zutreffend ermittelt worden sein. Dann errechnet sich die Heizfläche des Speisewasservorwärmers zu:

$$F_{w\,(\text{Gegenstrom})} = \frac{Q_w}{k \cdot \Delta t_{m\,(\text{Gegenstrom})}} = \frac{213\,000}{12 \cdot 150} = 118 \text{ m}^2,$$

$$F_{w\,(\text{Gleichstrom})} = \frac{Q_w}{k \cdot \Delta t_{m\,(\text{Gleichstrom})}} = \frac{213\,000}{12 \cdot 124} = 143 \text{ m}^2.$$

Der im Gleichstrom geschaltete Eko wird um 25 m², d. h. 21% größer als der im Gegenstrom angeordnete.

3. Beispiel für die Berechnung von Wasserrohrkesseln

Für eine Kraftanlage soll ein Kessel für folgende technischen Bedingungen erstellt werden:

Dampfleistung, Regelleistung	M	= 40000	kg/h
höchste Dauerleistung	M_h	= 50000	kg/h
Druck, Genehmigungsdruck		= 67	kg/cm²
höchster Arbeitsdruck	p	= 64	kg/cm²
am Überhitzeraustritt		= 58	kg/cm²
Heißdampftemperatur	$t_ü$	= 450	°C
Speisewassereintrittstemperatur	t_{w1}	= 100	°C
Luftvorwärmung von 20° C auf 120° C			
Brennstoff: Steinkohle Nuß IV,	H_u	= 7390	kcal/kg
flüchtige Bestandteile		= 16	%
$CO_{2\,max}$		= 18,8	%
theoret. Luftbedarf	l_0	= 7,94	Nm³/kg
theoret. Rauchgasmenge	v_0	= 8,29	Nm³/kg
Abgastemperatur bei Regellast		= 180	°C
CO_2-Gehalt der Rauchgase			
am Kesselende		= 14,0	%
am Luvoende		= 13,0	%

Die angegebenen Werte für Luftbedarf und Rauchgasmenge der Kohle wurden durch stöchiometrische Durchrechnung (vgl. Bd. I) ermittelt. Ferner wird angenommen, daß das it-Diagramm entworfen wurde, das unmittelbare Ablesungen über den Wärmeinhalt der Rauchgase an den verschiedenen Stellen der Kesselanlage zu machen gestattet. Die in der vorgewärmten Luft eingeführte Wärme ist zu berücksichtigen.

Als Feuerung des Kessels ist ein Zonen-Wanderrost angenommen. Die angegebenen Werte für den CO_2-Gehalt der Rauchgase beruhen auf Erfahrungen. Am Eko-Austritt = Luvo-Eintritt können 13,5% CO_2 angesetzt werden.

Zunächst muß der zu erwartende Wirkungsgrad η des Kessels berechnet werden, der auf den Beharrungszustand bezogen wird. Da $\eta = 100 -$ Summe aller Verluste, erfolgt die Wirkungsgradberechnung durch Ermittlung der Einzelverluste (Aufstellen der Verlustbilanz).

Einzelverluste:

1. Rostdurchfall (geschätzt nach Erfahrungen) = 0,5%
2. Unverbranntes in Schlacke und Asche
   $$= \frac{u}{100 - u} \cdot a \cdot \frac{7900}{H_u} = 0{,}7\%$$
   (für Zonenwanderrost wurde $u = 10\%$ gesetzt)
3. Flugkoks (geschätzt; bei guten Nußkohlen sehr gering) = 0,5%
4. Unverbrannte Gase (geschätzt, sehr von der Feuerführung abhängig) = 0,6%
5. Abgasverlust (nach *Siegert*)
   $$= \sigma \cdot \frac{t_a - t_l}{CO_2} = 0{,}68 \frac{180 - 20}{13} = 8{,}4\%$$
6. Strahlung und Leitung (geschätzt) = 2,5%
7. Zur Abrundung und Vorsicht = 1,8%

Summe Verluste = 15,0%

Wirkungsgrad:

$$\eta = 100 - 15 = 85\%.$$

Aus den Dampftafeln findet man:

Die Wärmeinhalte

$$i_{ü} \text{ (64 atü 450° C)} = 786{,}5 \text{ kcal/kg}$$
$$i'' \text{ (64 atü)} = 663{,}6 \text{ kcal/kg}$$
$$i' = 294{,}8 \text{ kcal/kg}$$
$$i_{w_1} = 100{,}0 \text{ kcal/kg}.$$

Die Erzeugungswärme ist:

$$i = i_{ü} - i_{w_1} = 786{,}5 - 100 = 686{,}5 \text{ kcal/kg}.$$

Die Temperatur des Sattdampfes ist

$$t_s = 280^0 \text{ C}.$$

Die Verdampfungsziffer wird

$$v = \frac{\eta \cdot H_u}{i} = \frac{0{,}85 \cdot 7390}{686{,}5} = 9{,}15 \text{ kg/kg}.$$

Das stündlich zu verfeuernde Brennstoffgewicht ist für Regellast:

$$B = \frac{M}{v} = \frac{40\,000}{9{,}15} = 4370 \text{ kg/h}.$$

Für den Unterwindzonenrost kann bei der angenommenen guten Kohle mit einer Rostwärmebelastung $q_r = 1{,}2$ Mio kcal/m²h gerechnet werden. So ergibt sich die Rostgröße zu

$$F_r = \frac{B \cdot H_u}{q_r} = \frac{4370 \cdot 7390}{1\,200\,000}$$

$$F_r = 26{,}9 \text{ m}^2.$$

Gewählt: Rostbreite = 4,7 m
Rostlänge = 5,7 m.

Die Größe des Feuerraumes V_f errechnet sich aus der zulässigen Feuerraumwärmebelastung, die mit $q_f = 300\,000$ kcal/m³h angenommen werde, zu

$$V_f = \frac{B \cdot H_u}{q_f} = \frac{4370 \cdot 7390}{300\,000} = 108 \text{ m}^3.$$

Die Wärmeübertragung im Feuerraum und damit die Temperatur der Feuergase vor Eintritt in den Kessel kann auf Grund der in Bd. I angegebenen Formeln bzw. Tafeln berechnet werden. Sie wird durch die Wahl der Feuerraumkühlflächen stark beeinflußt. Der Konstrukteur hat es also in gewissen Grenzen in der Hand, durch entsprechende Ausgestaltung des Feuerraumes bestimmte Temperaturen zu erreichen. Das ist insbesondere wichtig, wenn es sich um Brennstoffe mit unangenehmen Schlackeneigenschaften und Verschmutzungsneigung handelt. Im allgemeinen wird man anstreben, bei Steinkohlenrosten eine mittlere Rostbetttemperatur von etwa 1300° C bei Regellast einzuhalten und nicht zu überschreiten.

Im vorliegenden Falle sei ermittelt, daß die Temperatur der Rauchgase vor Eintritt in den Kessel 1200° beträgt. Damit ist gleichzeitig ein außerordentlich wichtiger Wert zu errechnen, nämlich die im Feuerraum übertragene Wärmemenge (im wesentlichen durch Strahlung; nur wenig durch Berührung). Aus dem *it*-Diagramm der Rauchgase läßt sich abgreifen, daß einer Temperatur der Rauchgase von 1200° C ein Wärmeinhalt von 5500 kcal, bezogen auf 1 kg Brennstoff, entspricht.

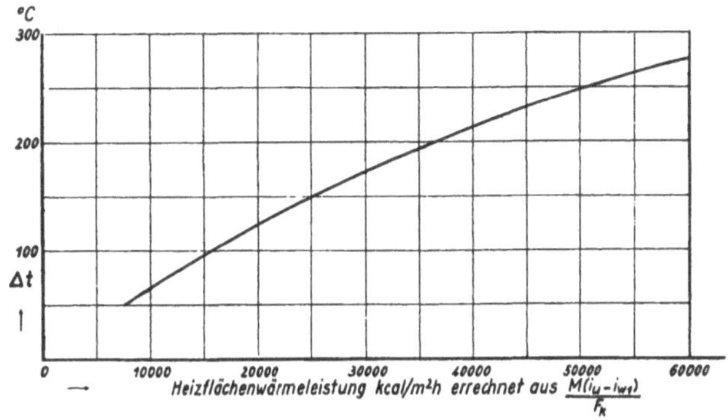

Abb. 53. Kurve zur Ermittlung der Abgastemperatur hinter dem Kessel (t_a) in Abhängigkeit von der Heizflächenwärmeleistung und der Sattdampftemperatur (t_s) : $t_a = t_s + \Delta t$

Nunmehr kann man unter Benutzung der bereits in Abschnitt G 2 erwähnten, von *Münzinger* herausgegebenen Kurventafeln eine Berechnung der Wärmeübertragung im Kessel durch Berührung und Gasstrahlung in einzelnen Heizflächenabschnitten vornehmen und sich einen Überblick über den Verlauf der Rauchgastemperatur im Kessel und über die übertragene Wärmemenge in Abhängigkeit von der Heizfläche verschaffen. Es empfiehlt sich, dabei das *it*-Diagramm zu benützen. Der wichtigste Wert, den man durch diese Berechnung gewinnt und der für die Bemessung der nachgeschalteten Heizflächen von Eko und Luvo von ausschlaggebender Bedeutung ist, ist die Gastemperatur beim Austritt aus dem Kessel. Nach einer von *Marcard* auf Grund von statistischem Material aufgestellten Kurve ist es möglich, diese Temperatur mit genügender Genauigkeit auch ohne die Durchführung der umständlichen Berechnung zu bestimmen. In Abb. 53 findet man in Abhängigkeit von der Wärmebelastung $M (i_{ü} - i_{w_1})$ bei der Kesselheizfläche F_k die Abgastemperatur hinter dem Kessel. Die gefundene Zahl kann naturgemäß nur eine mittlere statistische sein und ist entsprechend zu bewerten. Unter sonst gleichen Verhältnissen wird sie um so höher liegen, je schlechter der Verbrennungsvorgang, d. h. je kleiner der CO_2-Gehalt, je verschmutzter der Kessel und je höher die Feuerraumtemperatur sind bzw. umgekehrt.

Für den vorliegenden Fall ist die der Kurve zugrundeliegende Wärmeleistung

$$M (i_{ü} - i_{w_1}) = 40000\,(786{,}5 - 100) = 27{,}4 \cdot 10^6 \text{ kcal/h.}$$

Wird z. B. der Kessel mit 500 m² Heizfläche bemessen, dann kann man mit Hilfe der Kurve die Abgastemperatur zu $t_s + 265 = 264 + 265 = 529^0$ C ermitteln. Baut man dagegen den Kessel mit 800 m², so wird die Abgastemperatur 454° C. Es ist durch vergleichende Rechnungen zu untersuchen, ob die kleinere oder größere Heizfläche am zweckmäßigsten ist. Die erste verlangt naturgemäß größere Nachheizflächen und außerdem eine sorgfältigere Durchbildung hinsichtlich des Wasserumlaufs. Man sieht bereits aus den vorstehenden Hinweisen, daß für eine bestimmte Aufgabe verschiedene Lösungen möglich sind. Es gehört große Erfahrung dazu, für den jeweiligen Fall die zweckmäßigste herauszufinden. Im vorliegenden Fall soll mit dem zweiten Wert von 454° C weiter gerechnet werden.

Für die Anordnung des Überhitzers innerhalb der Kesselheizfläche können unterschiedliche Gesichtspunkte maßgebend sein. So kann seine Lage durch die Ausbildung der Vor- und Nachheizflächen im Interesse besonderer Wasserumlaufbedingungen gegeben sein. Dann ist es erforderlich, die Temperatur der Rauchgase an der betreffenden Stelle zu ermitteln. Oder man geht vom Überhitzer aus, der in ein ganz bestimmtes Temperaturfeld gelegt werden soll; man ermittelt eine entsprechende Vorheizfläche, und die Gestaltung des Kessels muß sich danach richten. Die Berechnung des Überhitzers erfolgt in der gleichen Weise wie in Abschnitt G 2 gezeigt. Im vorliegenden Falle ergibt sich die Rauchgasabkühlung durch den Überhitzer zu 270° C.

Die Berechnung der Nachheizflächen Eko und Luvo ist durch die in der Aufgabe gestellten Bedingungen und die bereits errechneten Werte gegeben. Das für beide zur Verfügung stehende Temperaturgefälle der Rauchgase ist 454° C (Temperatur am Kesselende) bis 180° C (Abgastemperatur am Ende des Aggregates).

Zunächst macht man sich über die Schaltung von Eko und Luvo ein Bild und untersucht, ob es vorteilhafter ist, den einen oder den anderen in das höhere Temperaturgebiet zu legen, oder evtl. sogar eine Teilung (z. B. des Luftvorwärmers) vorzunehmen. Im allgemeinen ist man geneigt, den Luvo hinter den Eko zu schalten, um die jeweils größten Temperaturgefälle zu bekommen. Das braucht jedoch nicht immer der günstigste Fall (z. B. bezogen auf die Anlagekosten) zu sein. Auch können manchmal konstruktive Belange, insbesondere hinsichtlich der Führung der Luftkanäle, einen wichtigen Einfluß ausüben. Im vorliegenden Fall soll angenommen sein, daß die Untersuchung die Schaltung Luvo hinter Eko als günstigste ergeben habe.

Man beginnt die Berechnung mit dem Luftvorwärmer, weil für diesen genau festgelegte Temperaturbedingungen der Luft (20° C auf 120° C) vorliegen. Die von den Rauchgasen abgegebene Wärmemenge ergibt sich aus der von der Luft aufzunehmenden Wärme Q_l zusätzlich einem Wert für Abstrahlung. Es ist:

$$Q_l = 4370 \cdot 7{,}94 \cdot 1{,}34\,(120 \cdot 0{,}312 - 20 \cdot 0{,}310)$$
$$= 1\,450\,000 \text{ kcal/h.}$$

Mit $z = 5\,\%$ ergibt sich die Eintrittstemperatur der Rauchgase in den Luftvorwärmer t_{g_3} aus der Gleichung

$$Q_l\,(1 + z) = B \cdot V_{g\,(CO_2 = 13\,\%)} \cdot (t_{g_3} \cdot c_{pm_3} - 180^0 \cdot c_{pm\,180})$$

$$1\,450\,000\,(1 + 0{,}05) = 4370 \cdot 11{,}86\,(t_{g_3} \cdot 0{,}334 - 180 \cdot 0{,}331)$$
$$t_{g_3} = 267^0 \text{ C.}$$

Nunmehr liegen sämtliche Temperaturen für den Luftvorwärmer fest, und es kann die Berechnung des mittleren Temperaturgefälles erfolgen. Dazu ist es wichtig, die Schaltung — Gleichstom, Gegenstrom, Kreuzstrom — zu wissen (vgl. Bd. I). Zur Berechnung der Luftvorwärmerheizfläche gehört schließlich noch die Kenntnis der Wärmedurchgangszahl, die bei den verschiedenen Bauarten in weiten Grenzen schwankt und außerdem abhängig von den Gasgeschwindigkeiten ist. Bei Plattenlufterhitzern liegt sie bei einer Rauchgas- und Luftgeschwindigkeit von je 7 m/s etwa bei $k = 15$ kcal/m² h °C.

Im vorliegenden Falle möge Kreuzstrom Anwendung finden, für den man das mittlere Temperaturgefälle als arithmetisches Mittel aus denjenigen für Gegenstrom und Gleichstrom bestimmt.

So ist $\Delta t = 143^0$ C. Die Luftvorwärmerheizfläche ergibt sich dann bei $k = 15$ kcal/m² h °C zu

$$F_l = \frac{Q_l}{\Delta t \cdot k} = \frac{1450000}{143 \cdot 15} = 675 \text{ m}^2.$$

Für die Berechnung des Speisewasservorwärmers liegen nach der Festlegung des Luvos die Rauchgastemperaturen fest. Es ist:

$t_{g_1} = 454$ °C (Austritt Kessel)
$t_{g_2} = 267$ °C (Eintritt Luvo)
$t_{w_1} = 100$ °C (Speisewassertemperatur Eintritt; gegeben).

Die Berechnung der Speisewassertemperatur am Austritt erfolgt wie in Abschnitt G 2. Im vorliegenden Falle ergibt sich die Temperatur des Speisewassers am Austritt aus dem Eko aus den Gleichungen:

$$Q_w (1 + z) = B \cdot V_{g(CO_2 = 13,5\,\%)} \cdot (t_{g_1} \cdot c_{p_{m1}} - t_{g_2} \cdot c_{p_{m2}})$$

und

$$Q_w = M\,(t_{w_2} - t_{w_1})$$

$$t_{w_2} = 178 \text{ °C}.$$

Die Heizfläche des Speisewasservorwärmers wird wie oben berechnet. Für Gegenstromanordnung wird das mittlere Temperaturgefälle = 222 °C. Bei einer Wärmedurchgangszahl von $k = 16$ kcal/m² h °C (vgl. S. 137) wird die Heizfläche $F = 880$ m².

Sachregister

Gewöhnliche Differentialgleichungen. Von G. Hoheisel. 4., neubearbeitete Aufl. 129 S. 1951 . . . . Bd. 920
Partielle Differentialgleichungen. Von G. Hoheisel. 3., neubearb. Aufl. 130 S. 1952. In Vorbereitung . . . . Bd. 1003

Aufgabensammlung zu den gewöhnlichen und partiellen Differentialgleichungen. Von G. Hoheisel. 2., umgearb. Aufl. 1952 . . . . Bd. 1059

Differentialrechnung. Von A. Witting. 3., neubearb. Aufl. Durchgesehener Neudruck. Mit 95 Fig. und 200 Beispielen. 201 S. 1949 . . . . Bd. 87

Repetitorium und Aufgabensammlung zur Differentialrechnung. Von A. Witting. 2. Aufl. Neudruck. 122 S. 1949 . . . . Bd. 146

Integralrechnung. Von A. Witting. 2., verbesserte Aufl. Durchgesehener Neudruck. Mit 62 Fig. und 190 Beispielen. 176 S. 1949 . . . . Bd. 88

Repetitorium und Aufgabensammlung zur Integralrechnung. Von A. Witting. 2. Aufl. Neudruck. 121 S. 1949 . . . Bd. 147

Einführung in die konforme Abbildung. Von L. Bieberbach. 4. Aufl. Mit 42 Zeichnungen. 147 S. 1949 . . . . Bd. 768

Darstellende Geometrie. Von R. Haussner. 1. Teil: Elemente, ebenflächige Gebilde. 6., unveränderte Aufl. Mit 110 Fig. 207 S. 1947 . . . . Bd. 142
2. Teil: Perspektive ebener Gebilde, Kegelschnitte. 5., unveränderte Aufl. Mit 88 Fig. 168 S. 1947 . . . . . . Bd. 143

Sammlung von Aufgaben und Beispielen zur analytischen Geometrie der Ebene. Von R. Haussner. Neudruck. Mit 22 Fig. 139 S. 1949 . . . . Bd. 256

Ebene und sphärische Trigonometrie. Von G. Hessenberg. 4. Aufl., Neudruck. 1952. In Vorbereitung . . . . . Bd. 99

Nichteuklidische Geometrie. Hyperbolische Geometrie der Ebene. Von R. Baldus. 3., verbess. Aufl. durchges. von F. Löbell. Mit 70 Fig. 140 S. 1952. In Vorbereitung . Bd. 970

Vermessungskunde. Von P. Werkmeister. I.: Stückmessung und Nivellieren. 9. Aufl. Mit 145 Fig. 172 S. 1949 Bd. 468
II.: Messung von Horizontalwinkeln. Festlegung von Punkten im Koordinatensystem. Absteckungen. 7. Aufl. Mit 63 Fig. 151 S. 1949 . . . . Bd. 469
III.: Trigonometrische und barometrische Höhenmessung. Tachymetrie und Topographie. 6. Aufl. Mit 64 Fig. 147 S. 1949. Bd. 862

Vektoranalysis. Von S. Valentiner. 7., wesentlich veränderte Aufl. Mit 19 Fig. 138 S. 1950 . . . . Bd. 354

Physik / Chemie / Allgemeine, anorganische, organische und experimentelle Chemie / Elektrochemie / Technologie

Physikalische Formelsammlung. Von G. u. K. Mahler. 8., verbesserte Aufl. Mit 69 Fig. 153 S. 1950. . . . . . Bd. 136
Physikalische Aufgabensammlung. Von G. u. K. Mahler. Mit den Ergebnissen. 7., verbess. Aufl. 127 S. 1952. . . Bd. 243
Differentialgleichungen der Physik. Von E. Sauter. 2. Aufl. Mit 16 Fig. 148 S. 1950 . . . . Bd. 1070
Einführung in die Kristalloptik. Von E. Buchwald. 4., verbess. Aufl. Mit 121 Fig. 138 S. 1952 . . . . Bd. 619

Vektoranalysis. Von S. Valentiner. 7., wesentl. veränderte Aufl. Mit 19 Fig. 138 S. 1950 . . . . Bd. 354

Geschichte der Chemie. Von G. Lockemann. Bd. I: Vom Altertum bis zur Entdeckung des Sauerstoffs. Mit 8 Bildnissen. 142 S. 1950 . . . . Bd. 264

Allgemeine und physikalische Chemie. Von W. Schulze.
I. Teil: 3., durchgesehene Aufl. Mit 22 Fig. 146 S. 1949 Bd. 71
II. Teil: 3., durchgesehene Aufl. Mit 36 Fig. 160 S. 1949 Bd. 698

Physikalisch-Chemische Rechenaufgaben. Von E. Asmus. 2. Aufl. 96 S. 1949 . . . . Bd. 445

Anorganische Chemie. Von W. Klemm. 7. Aufl. Mit 18 Abb. 184 S. 1952 . . . . Bd. 37

Thermochemie. Von W. A. Roth. 3. Aufl. Mit 16 Fig. 109 S. 1952. In Vorbereitung . . . . Bd. 1057

Stöchiometrische Aufgabensammlung. Mit den Ergebnissen. Von W. Bahrdt und R. Scheer. 5., verbess. Aufl. Mit 120 S. 1952 . . . . Bd. 452

Organische Chemie. Von W. Schlenk. 5., verbess. Aufl. Mit 17 Fig. 239 S. 1949 . . . . Bd. 38

Analytische Chemie. Von J. Hoppe. I.: Reaktionen. 5., verbesserte Aufl. 135 S. 1950 . . . . Bd. 247
II.: Gang der qualitativen Analyse. 5., verbesserte Aufl. 168 S. 1950 . . . . Bd. 248

Elektrochemie und ihre physikalisch-chemischen Grundlagen. Von A. Dassler. Bd. I: Mit 21 Abb. 149 S. 1950 Bd. 252
Bd. II: Mit 17 Abb. 178 S. 1950 . . . . Bd. 253

Warenkunde. Von K. Hassak und E. Beutel. 7. Auflage, neu bearbeitet von A. Kutzelnigg. Bd. I. Anorganische Waren sowie Kohle und Erdöl. Mit 19 Fig. 116 S. 1947 Bd. 222
Bd. II. Organische Waren. Mit 32 Fig. 143 S. 1949 Bd. 223

Die Fette und Öle. Von K. Braun. 5. vollständig neubearb. und verbess. Aufl. von Th. Klug. 145 S. 1950 . . . . . Bd. 335

Naturwissenschaften / Biologie / Botanik / Zoologie Land- und Forstwirtschaft

Hormone. Von G. Koller. 2. Aufl. Mit 60 Abb. und 19 Tab. 187 S. 1949 . . . . Bd. 1141

Geschlecht und Geschlechtsbestimmung im Tier- und Pflanzenreich. Von M. Hartmann. 2. Aufl. Mit 62 Abb. 155 S. 1951 . . . . Bd. 1127

Fortpflanzung im Tier- und Pflanzenreich. Von J. Hämmerling. 2., ergänzte Aufl. Mit 101 Abb. 135 S. 1951 . . Bd. 1138

Grundriß der allgemeinen Mikrobiologie. Von W. Schwartz.
Bd. I: Mit 17 Abb. 104 S. 1949 . . . . Bd. 1155
Bd. II: Mit 12 Abb. 93 S. 1949 . . . . Bd. 1157

Symbiose der Tiere mit pflanzlichen Mikroorganismen. Von P. Buchner. 2., verbesserte und vermehrte Aufl. Mit 121 Abb. 130 S. 1949 . . . . Bd. 1128

Entwicklungsgeschichte des Pflanzenreiches. Von H. Heil. 2. Aufl. Mit 94 Abb. und 1 Tab. 138 S. 1950 . . . . . Bd. 1137

Morphologie der Pflanzen. Von L. Geitler. 3. Aufl. Mit 114 Abb. 126 S. 1952. In Vorbereitung . . . . Bd. 141

Pflanzenzüchtung. Von H. Kuckuck. I: Grundzüge der Pflanzenzüchtung. 3., völlig umgearbeitete u. erweiterte Aufl. Mit 22 Abb. 132 S. 1952 . . . . Bd. 1134

Die Laubhölzer. Von F. W. Neger und E. Münch. 3., durchgesehene Aufl., herausgegeben von B. Huber. Mit 63 Fig. und 7 Tab. 142 S. 1950 . . . . Bd. 718

Die Nadelhölzer (Koniferen) und übrigen Gymnospermen. Von F. W. Neger und E. Münch. 4., durchges. u. ergänzte Aufl., herausgegeb. von B. Huber. Mit 75 Fig., 5 Tabellen u. 5 Karten. 140 S. 1952 . . . . Bd. 355

Vergleichende Physiologie der Tiere. Von K. Herter.
I. Stoff- und Energiewechsel. 3. Aufl. Mit 64 Abb. 155 S. 1950 . . . . Bd. 972
II. Bewegung und Reizerscheinungen. 3. Aufl. Mit 110 Abb. 148 S. 1950 . . . . Bd. 973

Landwirtschaftliche Tierzucht. Die Züchtung und Haltung der landwirtschaftlichen Nutztiere. Von H. Vogel. Mit 11 Abbild. 139 S. 1952 . . . . Bd. 228

Kulturtechnische Bodenverbesserungen. Von O. Fauser.
I.: Allgemeines, Entwässerung. 4., neubearbeitete Aufl. Mit 47 Abb. 122 S. 1947 . . . . Bd. 691
II.: Bewässerung, Ödlandkultur, Umlegung. 4., neubearbeitete Aufl. Mit 67 Abb. 150 S. 1948 . . . . Bd. 692

Geologie / Mineralogie / Kristallographie

Geologie. Von H. Cloos. 3. Aufl. In Vorbereitung . . . Bd. 13

Mineralogie. Von R. Brauns und K. F. Chudoba. 8., neubearbeitete Aufl. Mit 125 Textfiguren und 9 Abb. auf einer Tafel. 143 S. 1943 . . . . Bd. 29

Petrographie. Von W. Bruhns u. P. Ramdohr. 3., durchgesehene Aufl. Mit 10 Figuren. 117 S. 1949 . . . . . Bd. 173

Kristallographie. Von W. Bruhns und P. Ramdohr. 4. Aufl. 1952 . . . . Bd. 210

Einführung in die Kristalloptik. Von E. Buchwald. 4., verb. Aufl. Mit 121 Fig. 138 S. 1952 . . . . Bd. 619

Lötrohrprobierkunde. Mineraldiagnose mit Lötrohr und Tüpfelreaktion. Von M. Henglein. 3., verbesserte Aufl. Mit 11 Fig. 91 S. 1949 . . . . Bd. 483

Ingenieurwissenschaften

Allgemeines / Maschinenbau / Hoch- und Tiefbau Elektrotechnik / Wasserbau

Technische Tabellen und Formeln. Von W. Müller. 4., überarbeitete Aufl. Von E. Schulze. Mit 105 Fig. 152 S. 1951 Bd. 579

Dynamik. Von W. Müller. I.: Dynamik des Einzelkörpers. 2., verbesserte Aufl. Mit 70 Fig. 160 S. 1952 . . . . Bd. 902
II.: Systeme von starren Körpern. 2., verbess. Aufl. Mit 41 Fig. 102 Seiten. 1952 . . . . Bd. 903

Technische Thermodynamik. Von W. Nusselt.
I.: Grundlagen. 3., verb. Aufl. Mit 71 Abb. 144 S. 1950 Bd. 1084
II.: Theorie der Wärmekraftmaschinen. Neudruck. Mit 87 Abb. und 32 Zahlentafeln. 144 S. 1951 . . . . . . Bd. 1151

Festigkeitslehre. Von W. Gehler und W. Herberg.
I.: Elastizität, Plastizität und Festigkeit der Baustoffe und Bauteile. Durchgesehener u. erweit. Neudruck. Mit 118 Bildern. 159 S. 1952 . . . . Bd. 1144

Metallkunde. Von H. Borchers. I.: Aufbau der Metalle und Legierungen. Mit 2 Tab. und 90 Abb. 2. Aufl. 110 S. 1950 . . . . Bd. 432
II.: Eigenschaften, Grundzüge der Form und Zustandsgebung. Mit 8 Tab., 100 Abb. 2. Aufl. 154 S. 1952 Bd. 433

Getriebelehre. Von P. Grodzinski u. H. Polster. I.: Geometrische Grundlagen. 2. Aufl. Mit 127 Fig. 1952. In Vorbereitung . . . . Bd. 1061

Die Maschinenelemente. Von E. vom Ende. 2., verbesserte Aufl. Mit 173 Fig. und 12 Taf. 159 S. 1950 . . . . . . Bd. 3

Das Maschinenzeichnen mit Einführung in das Konstruieren. Von W. Tochtermann.
I.: Das Maschinenzeichnen. 4. Aufl. Mit 77 Taf. 156 S. 1950 Bd. 589
II.: Ausgeführte Konstruktionsbeispiele. 4. Aufl. Mit 58 Taf 130 S. 1950 . . . . Bd. 590

Die Dampfkessel und Feuerungen einschließlich Hilfseinrichtungen in Theorie, Konstruktion und Berechnung. Von W. Marcard. 2. Aufl., neubearbeitet von K. Beck.
I.: Die theoretischen Grundlagen. Wärme, Verbrennung, Wärmeübertragung. Mit 42 Abb. u. 16 Tab. 150 S. 1951 Bd. 9
II.: Dampfkessel. Mit 53 Abb. 147 S. 1952 . . . . . Bd. 521

Gießereitechnik. Von H. Jungbluth. I. Teil: Eisengießerei. Mit 44 Abb. 126 S. 1951 . . . . Bd. 1159

Autogenes Schweißen und Schneiden. Von H. Niese. 5. Aufl., neubearb. von A. Küchler. Mit 71 Fig. 136 S. 1952. In Vorbereitung . . . . Bd. 499

Die wichtigsten Baustoffe des Hoch- und Tiefbaues. Von O. Graf. 3., verbesserte Aufl. Mit 58 Abb. 136 S. 1947 Bd. 984

Baustoffverarbeitung und Baustellenprüfung des Betons. Von A. Kleinlogel. 2., neubearb. u. erweiterte Aufl. Mit 35 Abb. 126 S. 1951 . . . . Bd. 970

Fenster, Türen, Tore aus Holz und Eisen. Von W. Wickop. 3., überarb. und ergänzte Aufl. Mit 96 Abb. 154 S. 1949 Bd. 1092

Heizung und Lüftung. Von J. und W. Körting. I.: Das Wesen und die Berechnung der Heizungs- und Lüftungsanlagen. 8., neubearb. Aufl. Mit 29 Abb. und 18 Zahlentafeln. 140 S. 1951 . . . . Bd. 342
II.: Die Ausführung der Heizungs- u. Lüftungsanlagen. 8. Aufl. 1952. In Vorbereitung . . . . Bd. 343

Die Gleichstrommaschine. Von K. Humburg.
I. Durchgesehener Neudruck. Mit 59 Abb. 102 S. 1949 Bd. 257
II. Durchgesehener Neudruck. Mit 38 Abb. 98 S. 1949 Bd. 881

Die synchrone Maschine. Von K. Humburg. Neudruck. Mit 78 Bildern. 109 S. 1951 . . . . Bd. 1146

Transformatoren. Von W. Schäfer. 2. Aufl. Mit 74 Abb. 128 S. 1949 . . . . Bd. 952

Die komplexe Berechnung von Wechselstromschaltungen. Von H. H. Meinke. Mit 114 Abb. 160 S. 1949 . . . . Bd. 1156

Theoretische Grundlagen zur Berechnung der Schaltgeräte. Von F. Kesselring. 3. Aufl. Mit 92 Abb. 144 S. 1950 . . Bd. 711

Elektromotorische Antriebe. (Grundlagen für die Berechnung.) Von A. Schwaiger. 3., neubearb. Aufl. Mit 34 Abb. 95 S. 1952 . . . . Bd. 827

Überspannungen und Überspannungsschutz. Von G. Frühauf. Durchges. Neudruck. Mit 98 Abb 122 S 1950 . . . . Bd. 1132

Verkehrswasserbau. Von H. Dehnert. I.: Entwurfsgrundlagen, Flußregelungen. Mit 52 Textabb. 103 S. 1950 Bd. 585
II.: Flußkanalisierungen und Schiffahrtskanäle. Mit 60 Textabb. 94 S. 1950 . . . . Bd. 597
III.: Schleusen und Hebewerke. Mit 70 Textabb. 98 S. 1950 . . . . Bd. 1152

Wehr- und Stauanlagen. Von H. Dehnert. Mit 90 Abb. 134 S. 1952 . . . . Bd. 965

Geisteswissenschaften

Philosophie / Psychologie

Religionswissenschaften

Musik / Kunst

Geschichte

Allgemeines / Vor- und Frühgeschichte / Altertum, Mittelalter und Neuzeit / Kulturgeschichte

Der Nibelunge Nôt. In Auswahl mit kurzem Wörterbuch. Von K. Langosch. 9., umgearbeitete Aufl. 163 S. 1952. In Vorbereitung . . . . Bd. 1

Deutsches Dichten und Denken vom Mittelalter zur Neuzeit. (1270—1700.) Von G. Müller. 2. Aufl. 159 S. 1949 Bd. 1086

Deutsches Dichten und Denken von der Aufklärung bis zum Realismus. (1700—1890.) Von K. Viëtor. 2. Aufl. 156 S. 1949 . . . . Bd. 1096

Englische Sprache / Romanische Sprache und Literatur

Altenglisches Elementarbuch. Einführung, Grammatik. Texte mit Übersetzung und Wörterbuch. Von M. Lehnert. 2., verbesserte und vermehrte Aufl. 176 S. 1950 Bd. 1125

Beowulf. Eine Auswahl mit Einführung, teilweiser Übersetzung, Anmerkungen und etymologischem Wörterbuch. Von M. Lehnert. 2., verbesserte Aufl. 135 S. 1949 Bd. 1135

Italienische Literaturgeschichte. Von K. Voßler. Unveränderter Nachdruck der 1927 erschienenen 4., durchgesehenen und verbesserten Aufl. 148 S. 1948 . . . Bd. 125

Griechisch / Lateinisch

Geschichte der griechischen Sprache. I. Bis zum Ausgang der klassischen Zeit. Von O. Hoffmann. 3., stark umgearbeitete Aufl. von A. Debrunner. 144 S. 1952. In Vorbereitung . . . . Bd. 111

Geschichte der griechischen Literatur. I. Von den Anfängen bis auf Alexander d. Gr. Von W. Nestle. 2., verbesserte Aufl. Neudruck. 148 S. 1950 . . . . Bd. 70

II. Von Alexander d. Gr. bis zum Ausgang der Antike. 2., verbesserte Aufl. 128 S. 1945 . . . . Bd. 557

Geschichte der lateinischen Sprache. Von F. Stolz. 3., stark umgearbeitete Aufl. von A. Debrunner. 136 S. 1952. In Vorbereitung . . . . Bd. 492

Orientalia / Russisch

Sanskrit-Grammatik. Von M. Mayrhofer. 89 S. 1952. In Vorbereitung . . . . Bd. 1158

Hebräische Grammatik. I. Band: Schrift-, Laut- und Formenlehre I. Von G. Beer. 2., völlig umgearb. Aufl. von R. Meyer. 157 S. 1952. In Vorbereitung . . . Bd. 763

Russische Grammatik. Von E. Berneker und M. Vasmer. 6., unveränderte Aufl. 155 S. 1947 . . . . Bd. 66

Erd- und Länderkunde

Kartenkunde. Von M. Eckert-Greifendorff. Durchgesehen von W. Kleffner. 3. Aufl. Mit 63 Abb. 149 S. 1950 . . Bd. 30

Australien und Ozeanien. Von H.-J. Krug. Mit 46 Skizzen. 176 S. 1952. In Vorbereitung . . . . Bd. 319

Wirtschaftswissenschaften / Gesellschaftskunde

Allgemeine Betriebswirtschaftslehre. Von K. Mellerowicz. 3 Bde. I = 142 S., II = 112 S., III = 141 S. 7. Aufl. 1952. . . . . Bd. 1008, 1153, 1154

Soziologie. Geschichte und Hauptprobleme. Von L. v. Wiese. 4. Aufl. 151 S. 1950. . . . . Bd. 101